눈보다
더
희게

Whiter
than
Snow

WHITER THAN SNOW: Meditations on Sin and Mercy

Copyright © 2008 by Paul David Tripp
Published by Crossway
a publishing ministry of Good News Publishers
Wheaton, Illinois 60187, U.S.A.

This edition published by arrangement with Crossway through rMaeng2, Seoul, Republic of Korea.
All rights reserved.

This Korean Edition Copyright © 2019 by Word of Life Press, Seoul, Republic of Korea

이 한국어판의 저작권은 알맹2 에이전시를 통하여
Crossway와 독점 계약한 생명의말씀사에 있습니다. 신 저작권법에
의하여 한국 내에서 보호 받는 저작물이므로 무단 전재와 무단 복제를 금합니다.

눈보다 더 희게

ⓒ 생명의말씀사 2019

2019년 11월 29일 1판 1쇄 발행

펴낸이 l 김재권
펴낸곳 l 생명의말씀사

등록 l 1962. 1. 10. No.300-1962-1
주소 l 서울시 종로구 경희궁1길 5-9(03176)
전화 l 02)738-6555(본사) · 02)3159-7979(영업)
팩스 l 02)739-3824(본사) · 080-022-8585(영업)

기획편집 l 구자섭
디자인 l 조현진, 윤보람
인쇄 l 영진문원
제본 l 정문바인텍

ISBN 978-89-04-16690-9 (03230)

저작권자의 허락없이 이 책의 일부 또는 전체를
무단 복제, 전재, 발췌하면 저작권법에 의해 처벌을 받습니다.

눈보다 더 희게

Whiter than Snow

폴 트립의
죄와 은혜에 대한 묵상

폴 트립 지음 | 조계광 옮김

생명의말씀사

목차

머리말 / 08
모든 일은 잠 못 이루는 밤에 시작되었다

다윗과 밧세바의 이야기 / 14
: 삼상 11:1–12:13(시편 51편의 배경)

다윗과 하나님의 이야기 / 20
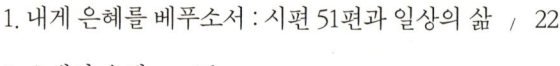
: 시편 51편

1. 내게 은혜를 베푸소서 : 시편 51편과 일상의 삶 / 22
2. 소생의 은혜 / 26
3. 하나님께 드려야 할 것 / 30
4. 큰 은혜 / 34
5. 랍비 한 사람과 이슬람 지도자 두 사람 / 40
6. 정확한 자기 평가 / 44
7. 격렬한 은혜 / 48
8. 다윗과 같지 않아서 기쁜가? / 52

9. "그랬더라면 좋았을 텐데!"라고 더 이상 말하지 말라 / 56

10. 더 큰 것 / 61

11. 나는 모순덩어리다 / 65

12. 어둠과 빛 / 69

13. 구원의 즐거움 / 74

14. 죄는 어느 곳에나 있다 / 77

15. 죄인들이여, 두려워하지 말라 / 81

16. 번영의 복음 / 85

17. 책임 전가 / 89

18. 변함없는 사랑 / 92

19. 주기도 / 96

20. 나단의 유산 / 100

21. 우슬초 / 104

22. 연약한 결심 / 108

23. 모두가 교사다 / 115

24. 출생 전 트라우마 / 119

25. 하나님의 쐐기 / 124

26. 하나님이 즐거워하실 때 / 128

27. 죄는 관계다 / 132

28. 지성소 / 136

29. 죄를 가리키는 세 가지 용어 / 140

30. 예수님을 열망하는 기도 / 145

31. "이미"와 "아직 아니" / 149

32. 궁극적인 두려움 / 153

33. 예루살렘 성을 쌓으소서 / 157

34. 만족 / 162

35. 나와 무슨 상관이 있는가 / 166

36. 임마누엘 / 170

37. 상하고 통회하는 마음을 구하는 기도 / 174

38. 지혜는 인격체다 / 178

39. 강퍅해진 마음 / 182

40. 정결한 마음의 은혜 / 187

41. 의로운 심판 / 191

42. 하나님의 기쁨 / 196

43. 마음의 울타리를 세우라 / 200

44. 하나님의 영광에 호소하는 기도 / 204

45. 하나님이 원하시는 제사 / 209

46. 자기 인식은 놀라운 은혜의 결과 / 213

47. 용서 / 218

48. 주의 얼굴을 돌이키소서 / 224

49. 불편한 은혜 / 228

50. 기꺼이 원하고 바랍니다 / 234

51. 죄의 어리석음 / 239

52. 구원을 찬양하라 / 245

머리말
모든 일은 잠 못 이루는 밤에 시작되었다

우리 중에도 밤잠을 설치는 사람들이 많지만, 그로 인해 발생한 이 사건은 욕정과 간음과 임신과 기만과 살인으로 점철되었다. 만일 다윗과 밧세바의 이야기가 텔레비전 연속극으로 제작되었거나 책으로 출판되었다면 그것을 즐겨 보거나 읽을 사람은 거의 없을 것이다. 그러나 그 끔찍한 이야기가 우리가 성경으로 일컫는 책에 너무나도 상세하게 기록되어 있다. 하나님은 왜 이런 암울한 이야기를 기록하게 하신 것일까? 과연 간통과 살인의 이야기가 누구에게 도움을 줄 수 있는 것일까?

이것은 대답할 가치가 있는 좋은 질문이다. 첫째, 신약성경(고전 10장)은 이런 일들이 기록으로 남은 이유가 우리의 본보기가 되어 하나님의 옛 백성들과 똑같은 실수를 저지르지 않도록 가르치기 위해서라고 말씀한다. 이 이야기가 성경에 기록된 이유는 교훈을 주기 위해서다. 이 내용이 상세하게 기록된 이유도 단순히 우리의 흥미를 돋우기 위해서가 아니라 우리 자신과 하나님을 비롯해, 타락한 세상에서의 삶과 죄의 본질과 삶을 변화시키는 은혜의 능력을 이해하도록 돕기 위해서다.

둘째, 성경은 이 이야기에 등장하는 사람들이 우리와 똑같은 인간이라고 말씀한다. 성경을 읽어보면, 항상 올바른 일만 했던 고귀한 인물들에 관한 이야기만 기록되어 있는 것이 아니라는 사실을 알 수 있다. 성경의 등장인물들은 대부분, 심지어는 우리가 믿음의 영웅으로 생각하는 인물들조차도 흠 많고, 불완전한 사람들이었다. 그들도 우리처럼 죄인이었고, 모두 하나님의 은혜로 구원받아야 할 필요가 있는 사람들이었다. 그렇다면 무엇으로부터 구원받아야 할 필요가 있었을까? 그들도 우리와 마찬가지로 자기 자신으로부터 구원받아야 할 필요가 있었다.

다윗을 생각해 보라. 그가 겪은 유혹과 죄의 이야기가 이 책의 주요 내용인 시편의 배경을 형성한다. 다윗의 통치 기간에 벌어진 이방 나라들과의 전쟁과 피비린내 나는 권력다툼에 관한 이야기를 읽다 보면, 다윗의 가장 큰 원수가 그의 주위에 있던 호전적인 나라였다고 생각하기 쉽다. 그러나 이 이야기는 다윗이 자신의 가장 큰 원수를 항상 몸에 지니고 다녔다는 것을 보여준다. 그 원수는 그의 내면에 살고 있었다. 그 원수는 우리의 내면에도 똑같이 살고 있다. 그 원수의 이름은 바로 죄다.

또한, 다윗이 평생에 거둔 가장 큰 승리도 골리앗이라는 장수를 앞세운 블레셋을 물리친 일이라고 생각하기 쉽다. 그러나 이 이야기와 그와 관련된 시편의 내용은 다윗이 거둔 가장 큰 승리가 전쟁의 승리가 아닌 은혜의 승리였다는 것을 보여준다. 강퍅한 간통자요 살인자가 하나님의 은혜의 능력으로 죄를 고백하고, 회개한 것은 진정 놀랍기 그지없다. 그가 왕위를 잃기는커녕 오히려 "하나님의 마음에 합한 사람"으로 알려진 것은 진정 믿기 어려운 일이 아닐 수 없다. 다윗이 평생에 거둔 가장 큰 승리는 그의 승리가 아닌 그의 마음을 사로잡고 있던 죄를 정복한 하나님의 은혜의 승리였다.

이 이야기를 객관화시켜 "내가 다윗과 같지 않아서 참으로 다행이야."라고 생각한다면, 다윗의 이야기나 그것에 근거한 시편 51편을 옳게 이해하기 어렵다. 그런 생각은 핵심에서 완전히 벗어난다. 이 이야기가 성경에 기록된 이유는 다윗의 이야기가 곧 우리의 이야기이기 때문이다. 물론 우리가 모두 간통자요 살인자라는 말은 아니다. 내 말은 우리도 다윗과 조금도 다르지 않은 죄인이라는 뜻이다. 하나님의 분명한 명령이 아닌 우리 자신의 욕구에 이끌려 살 때가 많다. 창조주보다 피조물을 더 사랑할 때도 있고, 하나님이 정하신 한계를 넘어서서 우리가 원하는 것을 열심히 추구할 때도 있으며, 하나님의 초월적인 영광의 나라보다 우리의 작은 왕국을 더 소중하게 생각할 때도 있고, 남들에게 들킬까 봐 두려워 우리의 행위를 숨기거나 우리가 저지른 일을 부인하려고 안간힘을 쓸 때도 있다.

다윗의 이야기는 곧 우리의 이야기이다. 따라서 시편 51편도 우리의 시편이다. 도덕적인 실패, 개인적인 자각, 슬픔, 고백, 회개, 헌신, 희망을 다룬 이 시편은 우리 각자의 경험을 깊이 이해한다. 이 주제들은 우리의 삶 속에 똑같이 존재한다. 그러나 시편 51편의 핵심 주제는 죄가 아닌 은혜다. 만일 무한한 사랑의 하나님이 구원의 긍휼과 회복의 은혜를 베풀기 위해 다윗에게 나단을 보내지 않으셨다면 시편 51편은 존재하지 않았을 것이다.

시편 51편은 우리가 가장 큰 실패를 경험했을 때, 하나님이 우리에게 찾아와 어떻게 우리를 변화시키시는지를 보여준다. 이 시편은 처참하게 무너진 죄인들도 하나님 앞에서 정직할 수 있고, 두려움 없이 그분 앞에 나갈 수 있다고 가르친다. 죄와 은혜와 구속이라는 주제가 모두 이 짧고, 강력한 시편 안에 모두 다 압축되어 있다.

우리 모두 시편 51편의 거울에 우리 자신을 비춰보자. 이 시편이 묘사하는 주님의 얼굴을 가만히 들여다보자. 여기에서 아름답게 연주되는 은혜의 음악 소리에 귀를 기울여 보자. 일주일에 한 번은 틈을 내어 이 시편의 희망일 뿐 아니라 우리 모두의 희망인 하나님의 긍휼이 우리를 변화시킬 수 있는 기회를 마련해 보자. 매주 우리의 인생에도 가장 큰 승리를 안겨줄 은혜를 찬미하는 시간을 가져보자.

지금 우리의 손에 들려있는 도구를 간단히 설명하면 다음과 같다. 이것은 우리에게 익숙한 고전적인 묵상집과는 다르다. 그런 묵상집은 성경 본문을 주의 깊게 해설하고 나서 개인적인 적용을 끌어내는 것이 보통이다.

이 책의 묵상은 그와는 매우 다른 방식으로 이루어졌다. 음악을 예로 들어보자. 나는 시편 51편을 한 장의 악보처럼 다루었다. 이 악보에 조표, 박자표, 음표, 셈여림표가 표기된 이유는 위대한 작곡가이신 하나님이 그렇게 구성하셨기 때문이다. 이 묵상집은 이 악보에 표기된 음표 하나하나를 이해하도록 도우려는 시도가 아니다. 이 책은 재즈와 좀 더 가깝다. 나는 하나님이 정하신 조표와 박자표를 지키려고 노력하면서도 이 놀라운 시편에서 울려 나는 은혜의 음악을 구성하는 주제들을 일상의 삶 속에서 창의적이고, 실천적인 방식으로 연주할 수 있게끔 도우려고 노력했다.

생각해 보라. 이것이 곧 그리스도인으로서 삶을 살아가는 방식이다. 하나님은 성경에 모든 삶의 상황에서 연주할 수 있는 정확한 음표를 기재하지 않으셨다. 하나님은 성경을 통해 거룩한 영감으로 기록된 노래(역사와 명령, 성경의 이야기에 근거한 원리와 관점들)를 제공하고, 자기와 즉흥적으로 화음을 맞춰 연주하자고 초대하신다. 이런 점에서 신자의 삶은 악보보다는 재즈를 더 닮았다. 우리의 손에 들린 것은 위대한 작곡가이신 하나님과 즉흥적으로 조화롭게 화음을 맞춰 연주하도록 계획된 재즈와 같은 묵상집이다.

이 시편은 하나님의 자녀가 타락한 세상 속에서 온갖 시련과 유혹의 와중에서 경험하는 암울한 순간을 다루기 때문에 삶의 모든 측면과 관련된 주제들이 가득 차고 넘친다. 그러나 이 시편의 가장 흥미롭고, 매력적인 특징은 그 어떤 시편보다도 하나님의 은혜를 더 잘 노래하고 있다는 것이다. 모든 신자의 삶에서 은혜의 노래가 울려 나도록 정해졌다. 이 책을 읽는 사람 모두가 그런 경험을 할 수 있기를 바라고, 이 책이 일상적인 삶의 현장에서 구원자이신 주님과 감미로운 즉흥 음악을 연주하는 데 도움이 될 수 있기를 간절히 기도한다.

다윗과 밧세바의 이야기

: 삼상 11:1-12:13(시편 51편의 배경)

"그 해가 돌아와 왕들이 출전할 때가 되매 다윗이 요압과 그에게 있는 그의 부하들과 온 이스라엘 군대를 보내니 그들이 암몬 자손을 멸하고 랍바를 에워쌌고 다윗은 예루살렘에 그대로 있더라

저녁 때에 다윗이 그의 침상에서 일어나 왕궁 옥상에서 거닐다가 그곳에서 보니 한 여인이 목욕을 하는데 심히 아름다워 보이는지라 다윗이 사람을 보내 그 여인을 알아보게 하였더니 그가 아뢰되 그는 엘리암의 딸이요 헷 사람 우리아의 아내 밧세바가 아니니이까 하니 다윗이 전령을 보내어 그 여자를 자기에게로 데려오게 하고 그 여자가 그 부정함을 깨끗하게 하였으므로 더불어 동침하매 그 여자가 자기 집으로 돌아가니라 그 여인이 임신하매 사람을 보내 다윗에게 말하여 이르되 내가 임신하였나이다 하니라

다윗이 요압에게 기별하여 헷 사람 우리아를 내게 보내라 하매 요압이 우리아를 다윗에게로 보내니 우리아가 다윗에게 이르매 다윗이 요압의 안부와 군사의 안부와 싸움이 어떠했는지를 묻고 그가 또 우리아에게 이르되 네 집으로 내려가서 발을 씻으라 하니 우리아가 왕궁에서 나가매 왕의 음식물이 뒤따라 가니라 그러나 우리아는 집으로 내려가지 아니하고 왕궁 문에서 그의 주의 모든 부하들과 더불어 잔

지라 어떤 사람이 다윗에게 아뢰되 우리아가 그의 집으로 내려가지 아니하였나이다

다윗이 우리아에게 이르되 네가 길 갔다가 돌아온 것이 아니냐 어찌하여 네 집으로 내려가지 아니하였느냐 하니 우리아가 다윗에게 아뢰되 언약궤와 이스라엘과 유다가 야영 중에 있고 내 주 요압과 내 왕의 부하들이 바깥 들에 진 치고 있거늘 내가 어찌 내 집으로 가서 먹고 마시고 내 처와 같이 자리이까 내가 이 일을 행하지 아니하기로 왕의 살아 계심과 왕의 혼의 살아 계심을 두고 맹세하나이다 하니라 다윗이 우리아에게 이르되 오늘도 여기 있으라 내일은 내가 너를 보내리라

우리아가 그 날에 예루살렘에 머무니라 이튿날 다윗이 그를 불러서 그로 그 앞에서 먹고 마시고 취하게 하니 저녁 때에 그가 나가서 그의 주의 부하들과 더불어 침상에 눕고 그의 집으로 내려가지 아니하니라

아침이 되매 다윗이 편지를 써서 우리아의 손에 들려 요압에게 보내니 그 편지에 써서 이르기를 너희가 우리아를 맹렬한 싸움에 앞세워 두고 너희는 뒤로 물러가서 그로 맞아 죽게 하라 하였더라 요압이 그

성을 살펴 용사들이 있는 것을 아는 그 곳에 우리아를 두니 그 성 사람들이 나와서 요압과 더불어 싸울 때에 다윗의 부하 중 몇 사람이 엎드러지고 헷 사람 우리아도 죽으니라

요압이 사람을 보내 그 전쟁의 모든 일을 다윗에게 보고할새 그 전령에게 명령하여 이르되 전쟁의 모든 일을 네가 왕께 보고하기를 마친 후에 혹시 왕이 노하여 네게 말씀하기를 너희가 어찌하여 성에 그처럼 가까이 가서 싸웠느냐 그들이 성 위에서 쏠 줄을 알지 못하였느냐 여룹베셋의 아들 아비멜렉을 쳐죽인 자가 누구냐 여인 하나가 성에서 맷돌 위짝을 그 위에 던지매 그가 데벳스에서 죽지 아니하였느냐 어찌하여 성에 가까이 갔더냐 하시거든 네가 말하기를 왕의 종 헷 사람 우리아도 죽었나이다 하라

전령이 가서 다윗에게 이르러 요압이 그를 보낸 모든 일을 다윗에게 아뢰어 이르되 그 사람들이 우리보다 우세하여 우리를 향하여 들로 나오므로 우리가 그들을 쳐서 성문 어귀까지 미쳤더니 활 쏘는 자들이 성 위에서 왕의 부하들을 향하여 쏘매 왕의 부하 중 몇 사람이 죽고 왕의 종 헷 사람 우리아도 죽었나이다 하니

다윗이 전령에게 이르되 너는 요압에게 이같이 말하기를 이 일로 걱

정하지 말라 칼은 이 사람이나 저 사람이나 삼키느니라 그 성을 향하여 더욱 힘써 싸워 함락시키라 하여 너는 그를 담대하게 하라 하니라
　우리아의 아내는 그 남편 우리아가 죽었음을 듣고 그의 남편을 위하여 소리내어 우니라 그 장례를 마치매 다윗이 사람을 보내 그를 왕궁으로 데려오니 그가 그의 아내가 되어 그에게 아들을 낳으니라 다윗이 행한 그 일이 여호와 보시기에 악하였더라
　여호와께서 나단을 다윗에게 보내시니 그가 다윗에게 가서 그에게 이르되 한 성읍에 두 사람이 있는데 한 사람은 부하고 한 사람은 가난하니 그 부한 사람은 양과 소가 심히 많으나 가난한 사람은 아무 것도 없고 자기가 사서 기르는 작은 암양 새끼 한 마리뿐이라 그 암양 새끼는 그와 그의 자식과 함께 자라며 그가 먹는 것을 먹으며 그의 잔으로 마시며 그의 품에 누우므로 그에게는 딸처럼 되었거늘 어떤 행인이 그 부자에게 오매 부자가 자기에게 온 행인을 위하여 자기의 양과 소를 아껴 잡지 아니하고 가난한 사람의 양 새끼를 빼앗아다가 자기에게 온 사람을 위하여 잡았나이다 하니 다윗이 그 사람으로 말미암아 노하여 나단에게 이르되 여호와의 살아 계심을 두고 맹세하노니 이 일을 행한 그 사람은 마땅히 죽을 자라 그가 불쌍히 여기지

아니하고 이런 일을 행하였으니 그 양 새끼를 네 배나 갚아 주어야 하리라 한지라

나단이 다윗에게 이르되 당신이 그 사람이라 이스라엘의 하나님 여호와께서 이와 같이 이르시기를 내가 너를 이스라엘 왕으로 기름 붓기 위하여 너를 사울의 손에서 구원하고 네 주인의 집을 네게 주고 네 주인의 아내들을 네 품에 두고 이스라엘과 유다 족속을 네게 맡겼느니라 만일 그것이 부족하였을 것 같으면 내가 네게 이것 저것을 더 주었으리라 그러한데 어찌하여 네가 여호와의 말씀을 업신여기고 나 보기에 악을 행하였느냐 네가 칼로 헷 사람 우리아를 치되 암몬 자손의 칼로 죽이고 그의 아내를 빼앗아 네 아내로 삼았도다

이제 네가 나를 업신여기고 헷 사람 우리아의 아내를 빼앗아 네 아내로 삼았은즉 칼이 네 집에서 영원토록 떠나지 아니하리라 하셨고 여호와께서 또 이와 같이 이르시기를 보라 내가 너와 네 집에 재앙을 일으키고 내가 네 눈앞에서 네 아내를 빼앗아 네 이웃들에게 주리니 그 사람들이 네 아내들과 더불어 백주에 동침하리라 너는 은밀히 행하였으나 나는 온 이스라엘 앞에서 백주에 이 일을 행하리라 하셨나이다 하니 다윗이 나단에게 이르되 내가 여호와께 죄를 범하였노라

하매 나단이 다윗에게 말하되 여호와께서도 당신의 죄를 사하셨나니 당신이 죽지 아니하려니와"(삼하 11:1-12:13).

다윗과 하나님의 이야기

: 시편 51편

다윗의 시, 인도자를 따라 부르는 노래,
다윗이 밧세바와 동침한 후 선지자 나단이 그에게 왔을 때

"하나님이여 주의 인자를 따라 내게 은혜를 베푸시며 주의 많은 긍휼을 따라 내 죄악을 지워 주소서 나의 죄악을 말갛게 씻으시며 나의 죄를 깨끗이 제하소서 무릇 나는 내 죄과를 아오니 내 죄가 항상 내 앞에 있나이다 내가 주께만 범죄하여 주의 목전에 악을 행하였사오니 주께서 말씀하실 때에 의로우시다 하고 주께서 심판하실 때에 순전하시다 하리이다 내가 죄악 중에서 출생하였음이여 어머니가 죄 중에서 나를 잉태하였나이다 보소서 주께서는 중심이 진실함을 원하시오니 내게 지혜를 은밀히 가르치시리이다 우슬초로 나를 정결하게 하소서 내가 정하리이다 나의 죄를 씻어 주소서 내가 눈보다 희리이다 내게 즐겁고 기쁜 소리를 들려 주시사 주께서 꺾으신 뼈들도 즐거워하게 하소서 주의 얼굴을 내 죄에서 돌이키시고 내 모든 죄악을 지워 주소서 하나님이여 내 속에 정한 마음을 창조하시고 내 안에 정직한 영을 새롭게 하소서 나를 주 앞에서 쫓아내지 마시며 주의 성령을 내게서 거두지 마소서 주의 구원의 즐거움을 내게 회복시켜 주시고 자원

하는 심령을 주사 나를 붙드소서 그리하면 내가 범죄자에게 주의 도를 가르치리니 죄인들이 주께 돌아오리이다 하나님이여 나의 구원의 하나님이여 피 흘린 죄에서 나를 건지소서 내 혀가 주의 의를 높이 노래하리이다 주여 내 입술을 열어 주소서 내 입이 주를 찬송하여 전파하리이다 주께서는 제사를 기뻐하지 아니하시나니 그렇지 아니하면 내가 드렸을 것이라 주는 번제를 기뻐하지 아니하시나이다 하나님께서 구하시는 제사는 상한 심령이라 하나님이여 상하고 통회하는 마음을 주께서 멸시하지 아니하시리이다 주의 은택으로 시온에 선을 행하시고 예루살렘 성을 쌓으소서 그 때에 주께서 의로운 제사와 번제와 온전한 번제를 기뻐하시리니 그 때에 그들이 수소를 주의 제단에 드리리이다"(시 51:1-19).

1.
내게 은혜를 베푸소서
: 시편 51편과 일상의 삶

"하나님이여 주의 인자를 따라 내게 은혜를 베푸시며
주의 많은 긍휼을 따라 내 죄악을 지워 주소서"(시 51:1).

그것은 되돌리고 싶은 순간, 욕망과 감정이 이끄는 대로 몸을 내맡긴 그런 순간이었다. 그것은 멈추거나 중단해야 한다는 것을 알면서도 그렇게 할 수 없었던 순간, 곧 결국에는 여전히 우리 안에 거하고 있는 죄와 마주치게 될 수밖에 없는 그런 순간이었다. 그렇다. 그것은 그런 순간 가운데 하나였다.

그것은 어떤 점에서 그렇게 큰 문제는 아니었다. 단지 짧은 대화가 조금 이상하게 엇나갔을 뿐이다. 그것은 삶을 변화시킬 만한 극적인 순간이 아니었다. 집안에서 가족 중 한 사람과의 관계에서 벌어진 일이었다. 그러나 바로 그것이 문제의 핵심이다.

그런 일이 매우 중요한 이유는, 그것이 나의 일상이 이루어지는 삶의 현실이기 때문이다. 우리는 크고, 극적인 순간들만을 연이어 겪으며 살지 않는다. 삶의 성격은 열 가지의 큰 순간들에 의해 결정되지 않는다. 삶의 성격은 일상 속에서 일어나는 수만 가지의 작은 순간들에 의해 결정된다. 그런 작은 순간들을 통해 발생하는 다툼의 주제들이 우리의 마음속에서 실제로 일어나고 있는 일을 있는 그대로 보여 준다.

나는 이 작은 순간으로부터 물러설 수 없다는 것을 알았다. 나는 내 죄를 인정해야 한다는 것을 알았다. 그런 생각을 하는 순간, 마음속에서 갈등이 일기 시작했다.

"나만 잘못한 것은 아니야. 그가 그런 말을 하지 않았더라면 그렇게 화가 나지 않았을 거야. 사실 나는 대화 중에 많은 것을 참았어."라는 생각이 들었다. 그것이 나를 정당화하기 위한 논리였다.

흥미롭지 않은가? 나는 나의 죄를 의식하고 주님의 긍휼을 구하기보다 스스로를 변호하며 정당화하는 논리를 내세웠다. 이런 방어기제의 배후에는 나의 가장 큰 문제가 내 안이 아닌 내 밖에 있다는 생각이 도사리고 있다. 나는 그런 논리를 펼치면서 나 자신을 향해 "나는 주님의 은혜로 구원받아야 할 필요가 없어. 내가 구원받아야 할 대상은 이 방에 있는 저 죄인, 곧 나를 이렇게 반응하게 만든 저 인간이야."라고 말하고 있었다.

이것이 논의의 핵심이다. 죄를 남김없이, 솔직하게 고백할 수 있으려면 먼저 나의 의로움을 내세운 잘못부터 고백해야 한다. 나를 하나님으로부터 갈라놓는 것은 단지 죄만이 아니다. 나의 의로움도 그런 기능을 한다. 그 이유는 나의 의로움을 당연시하면 오직 그리스도 안에서만 발견되는 용서와 구원과 회복의 은혜를 구할 수가 없기 때문이다.

내가 잘못을 저지르고 나서 주님 앞에 나갈 때에는 주장할 말이 단 하나밖에 없다. 나는 내가 처한 상황의 어려움을 하소연하지도 않고, 나와 가까이에 있는 힘든 사람들에 대해 원망을 늘어놓지도 않고, 좋은 의도를 품었지만 생각대로 되지 않았다고 변명하지도 않는다. 내가 할 수 있는 말은 오직 한 가지 말밖에 없다. 그것은 바로 시편 51편의 첫 구절에 있는 말이다. 다윗은 그곳에서 밧세바에게 저지른 자신의 죄를 고백했다. 나도 주님 앞에 나와 오직 한 가지, 곧 그분의 은혜를 구한다. 그 외에 다른 보호책이나 의지처나 희망은 어디에도 없다. 나는 나의 가장 큰 문제, 곧 나 자신을 피할 수가 없다.

따라서 나는 내 인생에서 절대 실패하지 않을 확실한 한 가지만을 의지한다. 그것은 하나님이 나를 기꺼이 받아주실 것을 확실하게 보장할 뿐 아니라 새로운 시작과 새로운 출발의 희망까지 제공해 준다. 나는 내가 항상 가지고 있고, 또 항상 내게 주어질 가장 큰 선물을 의지한다. 나는 나 자신을 변호하는 법정과 내가 숨어 있는 곳에서 나와 나의 실상을 솔직하게 인정한다. 그러나 나는 두렵지 않다. 왜냐하면 이미 영원히 축복을 받은 상태이기 때문이다. 예수님이 하신 일 때문에 하나님은 나를 은혜로 대해주신다. 그것만이 나의 의지처이고, 희망의 근원이며, 나의 생명이다. 내게 은혜를, 은혜를 베푸소서!

묵상 포인트

1. 하나님 앞에 나가서 기도할 때 <u>스스로를 옹호하려는 변호사의 심정</u>으로 나가는가, 아니면 죄를 지은 피고의 심정으로 나가는가(눅 18:9-14)? 이런저런 변명을 둘러대며 하나님 앞에서 짊어져야 할 책임을 회피하는 경향이 있는가?

2. 하나님의 은혜를 좀 더 빨리 의지함으로써 죄를 좀 더 쉽게 인정한다면 삶이 어떻게 변화될 것 같은가?

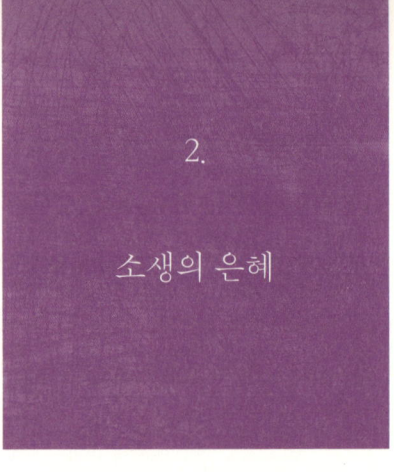

2. 소생의 은혜

"주의 구원의 즐거움을 내게 회복시켜 주시고 자원하는 심령을 주사 나를 붙드소서"(시 51:12).

"자원하는 심령을 주사 나를 붙드소서." 궁금증을 불러일으키는 표현이다. "자원하는 심령으로 붙드소서"라는 것이 대체 무슨 의미일까? 다윗이 지금 무엇을 구하고 있고, 그것이 이 놀라운 시편의 나머지 부분에 기록된 고백과 어떤 관계가 있을까?

인간은 자립적인 존재가 아니다. 우리는 그렇게 살도록 설계되지 않았다. 창조의 교리는 우리가 물리적으로나 정신적으로나 독립적이지 못하다는 현실을 일깨워준다. 우리는 의존자로 창조되었다. 따라서 의존은 약함의 표징이 아니다. 그것은 인간의 보편적인 속성이다. 인간은 의존자다. 그러나 우리는 의존하기를 싫어한다. 인간의 의존성에 관한 교리를 개념적으로나 기능적으로 거부하고, 우리가 할 수 있는 것을 혼자 힘으로 하려는 성향은 인간의 타락에서 빚어진 결과다.

따라서 타락한 인간은 누구나 매혹적이지만 매우 위험한 두 가지 거짓말을 믿는 경향이 있다. 이것은 에덴동산에서 인간을 속여 불순종하게 만든 그 운명의 날에 뱀의 혀끝에서 나왔던 거짓말이다. 첫 번째 거짓말은 자율성의 거짓말, 곧 내가 나의 인생을 내가 원하는 방식대로 이끌어갈 권리가 있는 독립적인 인간이라는 거짓말이고, 두 번째 거짓말은 자기 충족성의 거짓말, 곧 내가 되어야 할 존재가 되는 데 필요한 것과 내가 해야 할 것을 하는 데 필요한 것을 모두 내 안에 가지고 있다는 거짓말이다. 우리는 하나님이 아닌 우리 자신을 위해 살고 싶어 하기 때문에 일상의 삶 속에서 이 두 가지 거짓말에 쉽게 유혹당할 때가 많다.

그러나 다윗은 이제 심령의 눈이 열렸다. 그는 거짓말의 실체를 알게 되었다. 그는 자기 뜻대로 하기를 원했고, 독립과 자율을 원했으며, 하나님이 정하신 한계를 넘어섰고, 권력을 하나님의 왕국이 아닌 자신의 왕국을 위해 사용했다. 그 모든 사실이 밝히 드러나 그의 발아래로 산산이 부서져 내렸다. 다윗은 독립과 자립의 길을 걸으려고 애썼다. 시편 51편은 그런 잘못을 뉘우치는 회개의 기도다.

하나님은 은혜로 우리를 보살펴주겠다고 약속하셨다. 그분은 우리에게 용서의 은혜를 베풀어 우리가 자기 앞에 두려움 없이 설 수 있게 하겠다고 약속하셨다. 그분은 능력의 은혜를 베풀어 우리에게 맡기신 일을 능히 해낼 수 있게 하겠다고 약속하셨다. 그분은 우리에게 보호의 은혜를 베풀어 우리를 악에서 구원하겠다고 약속하셨다. 그분은 우리에게 지혜의 은혜를 베풀어 우리 자신의 어리석음으로부터 우리를 지켜주겠다고 약속하셨다. 그분은 우리에게 인내의 은혜를 베풀어 마지막 원수를 정복할 때까지 우리를 보호하겠다고 약속하셨다. 그분은 우리에게 영원의 은혜를 베풀어 모든 싸움이 끝날 그 날에 대한 희망을 허락하겠다고 약속하셨다.

약속된 은혜를 구하도록 이끄는 것이 곧 자원하는 심령이다. 하나님의 뜻대로 살 능력이 없다는 것을 인정하고, 우리의 길에서 돌이킬 때 비로소 하나님이 자기 아들 안에서 우리에게 약속하신 도움의 수단들을 온전히 구할 수 있다.

은혜는 자원하는 마음을 가진 자들을 위한 것이다. 죄의 심각성을 기꺼이 인정하고, 죄로부터 우리를 구원할 능력이 우리에게 없다는 것을 솔직하게 인정해야만 자원하는 마음을 가질 수 있다. 그런 마음을 가지게 되면 마음을 소생시키는 은혜, 곧 오직 하나님의 아들 안에서만 발견할 수 있는 영적 자양분을 얻을 수 있다.

묵상 포인트

1. 지금까지 살아오면서 삶의 어떤 부분에서 독립과 자율을 추구했는가? 지금 하나님의 도우심을 의지하지 않으려고 애쓰고 있는 것이 있다면 무엇인가?

2. 하나님의 은혜와 그분이 제공하신 도움의 수단들을 더 많이 의지해야 할 필요가 있다고 생각하는 것이 있다면 무엇인가(예를 들면, 사랑에서 우러나온 책망의 말을 잘 받아들이는 것, 그리스도의 몸 안에서 정직한 교제를 좀 더 열심히 나누려고 노력하는 것, 좀 더 기꺼운 마음으로 하나님과 다른 사람들에게 자신의 필요를 고백하는 것 등)?

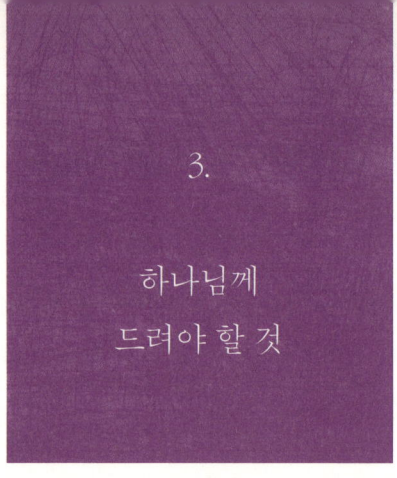

3.
하나님께 드려야 할 것

"하나님께서 구하시는 제사는 상한 심령이라 하나님이여 상하고 통회하는 마음을 주께서 멸시하지 아니하시리이다"(시 51:17).

하나님은 우리가 빈손으로 나오기를 원하지 않으신다.

우리는 자만심에 가득 찬 상태로 그분 앞에 나가서도 안 되고,

우리의 이력을 내세우며 그분 앞에 나가서도 안 되며,

우리의 행위를 공로로 내세울 수도 없다.

가정적 배경이나

우리의 인격이나

교육 수준이나

우리가 거둔 성공이나

쌓아 올린 소유나

사람들에게 받는 인정 따위를 앞세워

하나님 앞에 나갈 수 없다.

그러나 하나님은 양손을 꽉 채운 채로 자기에게 나오기를 원하신다.

그분은 가장 향기로운 제물,

곧 말의 제물을 바치기를 바라신다.

하나님이 원하시는 것은 호세아가 말한 제물이다.

"이스라엘아 네 하나님 여호와께 돌아오라 네가 불의함으로 말미암아 엎드러졌느니라 너는 말씀을 가지고 여호와께로 돌아와서 아뢰기를 모든 불의를 제거하시고 선한 바를 받으소서 우리가 수송아지를 대신하여 입술의 열매를 주께 드리리이다"(호 14:1, 2).

하나님은 우리가 빈손으로 나오기를 원하지 않으신다.

그분은 우리에게 제물을 요구하신다.

그것은 곡물의 제물이나

양이나 황소의 제물이 아니다.

양의 피로는 하나님의 요구를

만족시킬 수 없다.

하나님은 우리에게 제물을 요구하신다.

그것은 말의 제물, 곧

겸손의 말,
정직의 말,
도덕적 용기의 말,
도덕적 솔직함의 말,
오직 은혜 안에 머무는 자만이
할 수 있는 말이다.
우리는 변명이나 협상과는 무관한 말,
곧 고백의 말을
하나님의 은혜의 제단에 바쳐
용서함과 깨끗함을 받아야 한다.
우리는 말로 우리의 마음을 드러내고
그대로 내보이며
"다시는 우리의 손으로 만든 것을 향하여 너희는 우리의 신이라 하지 아니하오리니 이는 고아가 주로 말미암아 긍휼을 얻음이니이다"
(호 14:3)라고 아뢰어야 한다.
하나님은 다윗이 기꺼이 바친 것을 우리에게 요구하신다.
그분은 말을 바치라고 하신다.
그것이 은혜의 길이요,
자유의 길이요,
하나님의 길이다.

묵상 포인트

1. 하나님이 어떤 "말"의 제물을 원하시는 것 같은가? 삶의 어느 부분에서 용서의 은혜가 필요한가?

2. 자신의 손으로 만든 무엇을 "나의 신"으로 부르고 있는가? (재물, 지위, 사랑, 상황, 관계, 개인적인 꿈 등) 피조물 가운데서 무엇이 오직 창조주만이 차지할 수 있는 마음속의 자리를 차지하겠다고 아우성인가?

4. 큰 은혜

"내가 죄악 중에서 출생하였음이여
어머니가 죄 중에서 나를 잉태하였나이다"(시 51:5).

너무나도 처참하고, 삼키기 힘든 말이 아닐 수 없다. 이런 말을 들어 본 적이 있는가? 친구가 할 말이 있다며 찾아와서는 나를 나무라는 말을 건넨다. 나를 그렇게 나쁘게 말하는 것을 들으니 맥이 빠진다. 그러나 친구가 하는 말이니까 묵묵히 귀를 기울인다. 친구가 우려를 쏟아내니 마음이 아프기 시작한다. 나에 대해 하는 말이 도무지 믿기지 않는다.

은근히 마음속에서 나를 변호하고 싶은 생각이 든다. 논리를 세워 내가 그런 사람보다는 더 나은 사람이라고 주장하고 싶은 마음이 굴뚝같다. 내 귀에 들리는 소리가 정확성과 사랑이 결여된 왜곡된 평가라고 믿고 싶지만 실제로는 그렇게 할 수가 없다. 처참함이 느껴지는 이유는 마음속 깊은 곳에서 그 말이 사실이라는 것을 알기 때문이다. 마음속으로 하나님이 친구를 보내 나를 꾸짖고 계시고, 친구가 생각해 보라며 건네는 말이 나를 옳게 평가한 것이라는 느낌을 떨치기 어렵다.

　창세기 6장 5절에서도 그런 식의 평가가 발견된다. "여호와께서 사람의 죄악이 세상에 가득한 것과 그 마음으로 생각하는 모든 계획이 항상 악할 뿐임을 보시고." 참으로 충격적인 평가가 아닐 수 없다. 삼키기가 힘들다. 그렇지 않은가?

　이런 성경적인 평가는 우리보다 더 악한 죄를 지은 사람들에게나 해당된다고 생각하고픈 마음이 든다. 그러나 이 말씀은 극악한 죄인들을 묘사한 것이 아니다. 이것은 인간이면 누구나 그 안에서 자기 자신을 발견할 수밖에 없는 거울과도 같다. 불과 몇 마디의 강력한 말 속에 신학자들이 "전적 타락"으로 일컫는 것이 정확하게 묘사되어 있다. 전적 타락이란 죄인인 우리가 극악한 상태에 이르렀다는 의미가 아니다. 그것은 죄가 우리의 인격의 모든 측면에 영향을 미치고 있다는 뜻이다.

　우리에게 미치는 죄의 해악은 전체적이다. 우리의 육체, 감정, 지성, 동기, 영혼 및 사회적 기능이 모두 다 죄에 의해 손상을 입었다. 죄의 해악은 포괄적이며, 피하기가 불가능하다. 죄의 저주를 피해 넘겼거나 그것에 부분적으로만 영향을 받은 사람은 아무도 없다. 불행한 일이지만, 우리 가운데 어느 누가 창세기 6장 5절이라는 거울을 들여다보더라도 그 안에서 자신의 참된 실상을 발견하게 될 것이다.

우리 자신에게 한 번 물어보자. 왜 창세기 6장 5절을 받아들이기가 그토록 어려울까? 그 말에 저절로 방어기제가 발동하는 이유는 무엇일까?

우리의 약점과 죄와 실패가 지적당하면 우리는 왜 그토록 처참한 심정을 느끼는 것일까? 사랑으로 건네는 말인데도 꾸지람이나 책망의 말을 들으면 왜 그렇게 고통스러운 것일까? 왜 우리는 스스로를 썩 괜찮은 죄인이라고 믿고 싶어 하는 것일까? 왜 우리는 우리 자신이 타락한 것이 아니라 불운하다고 생각하고 싶어 하는 것일까? 설혹 타락했다손 치더라도 왜 전적으로 타락했다고 믿지 않으려는 것일까? 왜 우리는 우리보다 더 나쁘게 보이는 사람들을 가리키면서 위로를 찾으려는 것일까? 왜 우리는 우리 자신의 역사를 미화시키려고 애쓰는 것일까?

왜 우리는 우리가 한 말이나 행위를 스스로 정당화하는 논리를 펼치는 것일까? 왜 우리는 누군가가 잘못을 지적하면 잘못한 사람이 나 혼자가 아니라는 것을 잘 알고 있다는 것을 확실하게 보여줄 요량으로 적반하장의 태도를 보이는 것일까? 왜 우리는 우리가 한 좋은 일들을 줄줄이 열거함으로써 드러난 잘못을 상쇄하기 위한 반격을 시도하는 것일까? 대체 이 모든 것을 받아들이기가 그토록 어려운 이유가 무엇일까?

이 모든 질문에 대한 대답은 단 하나다. 거기에 적합한 결론은 오직 하나다. 이 모든 것을 받아들이기가 그토록 어려운 이유는 성경이 우리를 평가하는 것보다 우리가 더 의로울 수 있다는 가능성을 굳게 믿으려고 하기 때문이다. 우리 자신을 자기 평가의 거울에 비춰볼 때, 우리는 그 안에서 실제보다 더 의로운 우리의 모습을 발견하고 싶어 하는 경향이 있다.

어느 날, 우리 가족은 "제10장로교회"에서 은혜로운 예배를 드렸다. 십계명을 주제로 다룬 능력 있는 설교가 특별히 인상적이었다. 나는 예배가 끝날 무렵에 아내를 돌아보며, "우리 아이들이 이 자리에 참석해 저 설교를 들을 수 있어서 너무 다행이야."라고 말했다. 그러나 아내는 내게 한마디도 하지 않고, 마치 "당신이 그런 말을 하다니 정말 믿을 수가 없네요."라는 식의 표정으로 나를 바라볼 뿐이었다. 즉시 당혹감과 슬픔이 느껴졌다. 내가 부지불식간에 그런 생각을 했다는 것이 너무나도 놀라웠다.

나는 나 자신에게는 설교를 적용하지 않았다. 출애굽기와 필 라이켄의 설교가 무엇을 언급하든 나 자신은 거기에 포함되지 않는다고 생각했던 것이다. 그저 그런 설교가 필요한 우리 가족들이 그 자리에 참석한 것이 다행이라고만 생각했다.

"그러므로 우리가 믿음으로 의롭다 하심을 받았으니 우리 주 예수 그리스도로 말미암아 하나님과 화평을 누리자 또한 그로 말미암아 우리가 믿음으로 서 있는 이 은혜에 들어감을 얻었으며 하나님의 영광을 바라고 즐거워하느니라"(롬 5:1, 2). 만일 성경의 평가가 정확하다면 하나님의 은혜만이 우리의 유일한 희망이다. 우리에게 그런 큰 은혜를 허락하신 하나님이 너무나도 감사하다. 우리 모두에게는 우리의 죄를 용서할 만큼 충분히 크고, 우리 자신의 의로움을 내세우며 스스로를 미화하려는 성향으로부터 우리를 자유롭게 할 만큼 충분히 강력한 은혜가 필요하다.

우리는 우리의 죄는 물론, 우리가 의롭다는 망상에 속박되어 있다. 하나님의 은혜를 의지한다는 것은 단지 죄를 고백하는 것만이 아니라 우리 자신의 의를 버리는 것을 의미한다. 우리에게는 오직 우리 주 예수 그리스도의 인격과 사역 안에서만 발견될 수 있는 큰 은혜가 필요하다.

우리는 큰 은혜의 하나님께 겸손한 태도로 "내가 죄악 중에서 출생하였음이며 어머니가 죄 중에 나를 잉태하였나이다…나의 죄악을 말갛게 씻으시며 나의 죄를 깨끗이 제하소서"(시 51:5, 2)라고 간구하며, 오직 그분의 의만을 의지해야 한다.

묵상 포인트

1. 혹시 자기 자신을 실제보다 더 의롭게 생각하는 탓에 그리스도 안에서 주어진 의를 의지하지 않을 가능성이 조금이라고 있지는 않은가? 예수님 안에서 발견한 큰 은혜를 의지하기보다 자신의 지혜와 성숙함과 행위를 지나치게 내세우려는 경향이 있는가?

2. 개인적인 죄나 약점이나 실패나 어리석음이나 미성숙함을 지적당했을 때 주로 어떤 반응을 보이는가? 어떤 경우에 자신의 말이나 행위를 정당화하려는 주장을 제기하는 경향이 있는가?

5.
랍비 한 사람과
이슬람 지도자 두 사람

"하나님이여 주의 인자를 따라 내게 은혜를 베푸시며"(시 51:1).

참으로 좋은 기회였다. "환자의 관점에서 본 죽음과 죽어가는 것"이라는 주제로 공개 토론에 참석해 달라는 요청을 받았다. 그 행사는 지역 의과대학교에서 열렸다.

유대교 랍비 한 사람과 이슬람 지도자 두 사람 사이에 앉아서 그런 토론을 해보기는 생전 처음이었다. 유대교와 이슬람 지도자들은 모두 매우 온화하고, 논리가 정연했지만, 나는 복음으로 단단히 무장한 터라 그들보다 더 유리한 상태였다.

나는 다른 사람들이 가지고 있지 않은 것을 들고서 그 자리에 참여했다. 시간이 흐를수록 복음의 메시지는 그 아름다운 빛을 점점 더 밝게 비추었다.

내 양쪽에 있는 사람들은 배려심이 많고, 친절했다. 그들은 자신의 신앙에 정통했지만 한 가지 뚜렷한 약점을 지니고 있었다. 구체적으로 말해 그들이 들고 온 메시지는 단지 율법의 메시지뿐이었다. 개인이 어떤 식으로든 충분히 복종하면 하나님과 영원한 삶을 누릴 것이라는 희망이 그들이 제시할 수 있는 유일한 희망이었다. 그들이 말을 하면 할수록 복음은 더욱 아름답게 돋보였다.

자살한 사람의 가족들에게 어떤 말을 해주겠느냐는 질문이 주어졌을 때, 그 날 저녁의 가장 의미 있는 순간이 찾아왔다. 그 순간에 복음이 가장 밝게 빛났다. 나는 이렇게 말했다.

"자살이 특별한 차이를 만들어내는 것은 아닙니다. 생각해 보십시오. 마지막 운명의 순간에 침대에 누워 과거를 돌아보면서 스스로에게 내가 인간으로서 할 수 있을 만큼 선하게 살아왔노라고 말할 사람이 우리 가운데 누가 있겠습니까? 우리 모두 과거를 돌아보며 우리가 선택했고, 말했고, 행동한 일들을 후회하지 않겠습니까? 그런 점에서 자살한 사람이나 그렇지 않은 사람이나 처지가 똑같습니다. 둘 다 영생의 소망을 가지려면 은혜의 하나님의 용서를 전적으로 의지해야 합니다."

우리는 시편 51편의 저자, 곧 간음과 살인을 저지른 왕과 동질감을 느끼는 것처럼 자살을 시도한 가상의 사람과도 동질감을 느낄 수밖에 없다. 우리의 희망은 오직 하나, 하나님의 "인자"와 "은혜"뿐이다(1절). 우리의 교육이나 가족이나 사역의 업적이나 신학 지식이나 복음 전도의 열정이나 충실한 복종 따위를 의지해서는 안 된다.

우리의 희망은 하나다. 그것은 이 고대의 시편 저자가 바라보았던 희망이다. "이 세상 험하고"라는 놀라운 옛 찬송가의 가사 안에 그 희망이 있다.

이 세상 험하고 나 비록 약하나
늘 기도 힘쓰면 큰 권능 얻겠네
주의 은혜로 대속하여서
피와 같이 붉은 죄 눈같이 희겠네.

나는 랍비와 이슬람 지도자들과 작별 인사를 나누고, 집으로 돌아가기 위해 자동차에 올랐다. 그러나 단지 운전만 하지 않고 크게 찬양했다. 그 날 저녁을 생각하면 너무나도 기뻤다. 왜냐하면 복음을 전할 좋은 기회를 가질 수 있었기 때문이 아니라 하나님의 은혜 덕분에 나 자신이 그 복음 안에 포함되었기 때문이다.

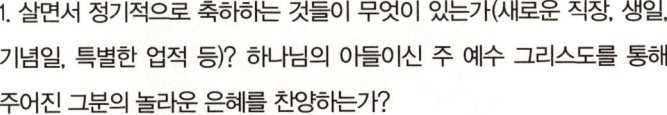

묵상 포인트

1. 살면서 정기적으로 축하하는 것들이 무엇이 있는가(새로운 직장, 생일, 기념일, 특별한 업적 등)? 하나님의 아들이신 주 예수 그리스도를 통해 주어진 그분의 놀라운 은혜를 찬양하는가?

2. 오직 하나님의 은혜 안에서만 삶의 희망을 발견할 수 있다고 믿는가? 자신에게 주어진 축복을 얻을 만한 자격이나 공로를 갖추기 위해 스스로 한 일이나 할 수 있는 일이 아무것도 없다는 사실을 날마다 기꺼이 인정하는가?

6.
정확한 자기 평가

"무릇 나는 내 죄과를 아오니 내 죄가 항상 내 앞에 있나이다"(시 51:3).

죄는 옷으로 자기를 치장한다. 그것이 죄를 인식하기가 그렇게 어려운 이유다. 죄가 그토록 좋게 보인다는 것이 그것이 그토록 나쁜 이유 가운데 하나다. 죄가 그 악한 영향력을 발휘하려면 악하지 않은 것처럼 스스로를 위장해야 한다. 타락한 세상에서의 삶은 가장무도회에 참석하는 것과 비슷하다. 성급하게 소리를 지르는 것은 진리를 위한 열정이라는 옷을 입고, 정욕은 아름다움을 사랑하는 것처럼 가장하며, 험담은 관심과 기도로 위장한 채 해악을 끼친다. 또 권력과 지배를 원하는 욕망은 성경적인 리더십이라는 가면을 쓰고, 사람을 두려워하는 마음은 겸손한 종의 마음을 가진 양 위장하며, 내가 항상 옳다는 교만함은 성경적인 지혜를 사랑하는 것처럼 가장한다. 악은 자신을 악으로 보이게 하지 않는다. 그것이 악의 매력 가운데 하나다.

죄의 본질이 속임수라는 사실을 알기 전까지는 죄의 속임수를 간파할 수 없다. 이 말은 우리가 자기기만에 능하고, 뛰어난 죄인들이라는 뜻이다. 나는 항상 사람들에게 우리의 삶 속에서 나 자신보다 더 큰 영향력을 지닌 사람은 아무도 없다고 말한다. 그 이유는 나 자신보다 나에게 더 많이 말하는 사람이 아무도 없기 때문이다.

사람은 누구나 자신의 나쁜 점을 좋게 보는 능력이 뛰어날 뿐 아니라 우리 자신의 죄와 약점과 실패보다 다른 사람들의 죄와 약점과 실패를 훨씬 더 잘 본다. 우리는 스스로에게는 기꺼이 용납하는 일도 다른 사람들에게는 조금도 용납하려고 하지 않는다. 간단히 말해 죄는 우리 자신을 정확하게 보지 못하게 만든다. 우리는 제대로 보지 못할 뿐 아니라 설상가상으로 제대로 보지 못한다는 사실조차 알지 못하는 경향이 있다.

이 모든 사실은 무엇을 의미할까? 이것은 정확한 자기 평가는 오직 은혜로만 가능하다는 것을 의미한다. 하나님의 말씀의 거울과 눈을 열어 보게 하시는 성령의 도우심이 있어야만 우리 자신을 있는 그대로 볼 수 있다. 우리 자신을 정확하게 보는 순간은 매우 고통스럽기 때문에 사랑받고 있다는 느낌을 느끼기 어렵지만, 하나님이 역사하시면 정확히 그런 일이 일어날 수밖에 없다. 우리를 구원하기 위해 자기 아들까지 희생하실 만큼 우리를 극진히 사랑하시는 하나님은 우리가 의롭다는 망상에 속지 않고 우리 자신을 분명하게 볼 수 있도록 이끄실 뿐 아니라 개인적인 필요를 겸손히 인정하는 태도로 오직 자기 안에서만 발견할 수 있는 은혜를 구하도록 역사하신다.

이런 점에서, 시편 51편은 시편 중에서 가장 슬프고도 가장 기쁜 시편에 해당한다. 다윗이 마땅히 고백해야 할 일을 고백하는 것은 참으로 슬픈 일이었지만, 스스로를 옳게 보고 자신의 죄를 온전히 인정했다는 것은 참으로 기쁜 일이 아닐 수 없다. 오직 예수님만이 닫힌 눈을 뜨게 해주신다. 죄인이 자신의 죄를 정확하게 인정할 때마다 하늘의 천사들이 기뻐한다. 그런 때는 우리도 마땅히 기뻐해야 한다.

묵상 포인트

1. 눈이 열려 자신을 좀 더 분명하게 볼 수 있게 해달라고 기도하는가? 자신의 성장을 가로막고, 눈을 닫아 보지 못하게 하는 자기기만으로부터 자유롭게 해달라고 스스럼없이 기도할 만큼 그리스도를 굳게 신뢰하는가?

2. 하나님은 성경과 다른 사람들과 삶의 상황을 이용해 우리 자신을 옳게 볼 수 있게 이끌어 은혜 안에서 계속 성장하고, 변화할 수 있도록 도와주신다. 그런 하나님의 뜨거운 사랑의 열정에 감사하는 시간을 잠시 가져보라.

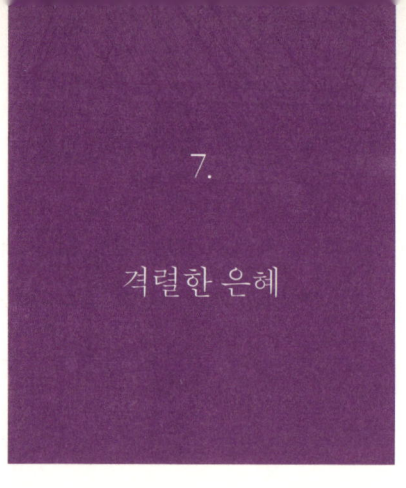

7. 격렬한 은혜

"주께서 꺾으신 뼈들도 즐거워하게 하소서"(시 51:8).

하나님과 우리의 관계는 한 마디로 은혜의 관계다. 하나님은 은혜로 우리를 자신의 가족으로 받아들이셨다. 하나님은 은혜 안에서 우리를 보호하고, 그 안에 계속 머물도록 도와주신다. 그러나 우리에게 주어진 은혜가 항상 위로의 은혜인 것은 아니다. 그 이유를 잠시 설명하면 다음과 같다.

죄인인 우리는 죄를 너무나도 편안하게 여기는 상태가 되었다. 전에는 생각하기조차 어려웠던 일이 더 이상 양심에 아무런 가책도 느껴지지 않게 되고, 처음에는 말하기조차 민망하게 느껴졌던 말이 지금은 서슴없이 튀어나올 뿐 아니라 그보다 더 나쁜 말까지도 할 수 있게 되었다.

전에는 성경적인 사랑을 보여주었던 결혼 생활이 지금은 냉전 속에서 간신히 관계를 유지하는 상태가 되었고, 전에는 일을 열심히 했지만 지금은 상호 협상을 통해 결정한 보수에 맞춰 최소한의 일만 하는 것으로 바뀌었다.

전에는 열정을 기울였던 경건 생활이 지금은 형식적이고, 공허한 의무로 변질되어 주님과의 교제를 즐기기보다 천국행 열차표를 얻기 위한 활동으로 전락했고, 전에는 사소한 짜증만 느껴져도 마음이 거북했지만 지금은 분노를 한껏 드러내어도 그것을 쉽게 합리화하는 태도를 지니게 되었다.

죄는 보이지 않은 곳에서 조금씩 새어 나와 집의 기초를 파괴하는 물과도 같다.

우리는 하나님이 죄라고 말씀하시는 것을 편안하게 느끼는 왜곡된 성향을 지녔다. 따라서 하나님은 격렬하고, 불편한 은혜로 우리를 축복하신다. 그분은 우리를 깨뜨려 죄의 고통을 느끼며 자기에게 달려와 용서와 구원을 구하게 하실 정도로 우리를 끔찍이 사랑하신다. 다윗은 "주께서 꺾으신 뼈들도 즐거워하게 하소서"라고 말했다. 참으로 기묘한 말이다. 꺾인 뼈들과 즐거움은 서로 전혀 어울리지 않는 것처럼 보인다.

"신난다. 뼈가 부러졌다."라고 말할 사람은 아무도 없다. 그러나 그 말은 다윗의 말과 매우 흡사하다. 그는 부러진 뼈의 혹독한 고통을 자신의 죄를 옳게 깨달은 순간에 느꼈던 마음의 고통을 표현하는 비유로 사용했다. 그런 고통은 좋은 것이다.

생각해 보자. 실제로 뼈가 부러져 생기는 고통은 어떤 점에서는 고마운 일이다. 왜냐하면 팔이나 다리에 무엇인가 문제가 발생했다는 것을 경고하는 징후이기 때문이다.

그와 비슷하게 양심의 가책이라는 하나님의 사랑의 매는 마음을 고통스럽게 하고, 마음의 고통은 영적으로 무엇인가 문제가 발생했다는 것을 일깨워준다. 물리적인 고통이 경고의 의미를 지니는 것처럼 죄를 깨우쳐 구원과 회복에 이르게 만드는 은혜의 고통은 기쁘게 받아들일 만한 가치를 지닌다.

하나님의 은혜가 항상 편안한 것은 아닌 이유는 그분의 우선적인 관심이 우리의 위로가 아닌 우리의 인격을 변화시키는 데 있기 때문이다. 하나님이 격렬한 은혜로 우리를 깨뜨리는 이유는 우리를 사랑하시기 때문에, 곧 우리를 회복하고, 구원하고, 정결케 하기를 원하시기 때문이다.

그런 은혜는 기쁘게 여겨야 할 가치가 있다.

묵상 포인트

1. 하나님이 편안하게 생각하기를 원하지 않으시는 것을 편안하게 생각했던 적이 있는가?

2. 삶의 어떤 부분에서 하나님의 사랑을 의심하고픈 유혹이 느껴질 정도로 구원과 회복을 주기 위한 은혜의 고통을 강하게 경험하고 있는가? 격렬한 은혜로 나를 나 자신으로부터 구원하시는 하나님께 감사하는 시간을 가져라.

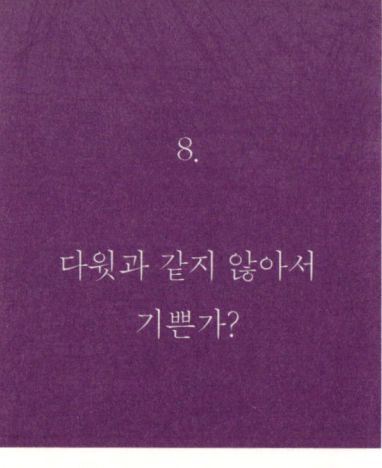

8.

다윗과 같지 않아서 기쁜가?

"다윗의 시, 인도자를 따라 부르는 노래, 다윗이 밧세바와 동침한 후
선지자 나단이 그에게 왔을 때"(시편 51편의 표제)

다윗과 같지 않아서 기쁜가?
어떻게 그런 무서운 죄를 지을 수 있지?
사울과 같지 않아서 기쁜가?
어떻게 자신의 권력을 유지하기 위해 갖은 음모를 다 꾸밀 수 있지?
가인과 같지 않아서 기쁜가?
어떻게 친동생을 죽일 수 있지?

리브가와 같지 않아서 기쁜가?
어떻게 그렇게 계획적으로 속임수를 쓸 수 있지?
이스라엘 백성과 같지 않아서 기쁜가?
어떻게 그렇게 쉽게 우상들에게 넘어갈 수 있지?
압살롬과 같지 않아서 기쁜가?
어떻게 그토록 질투심이 많을 수 있지?
엘리야와 같지 않아서 기쁜가?
어떻게 하나님을 잊고, 그렇게 절망할 수가 있지?
느부갓네살과 같지 않아서 기쁜가?
어떻게 그렇게 권력에 집착할 수 있지?
삼손과 같지 않아서 기쁜가?
어떻게 그렇게 쉽게 속아 넘어갈 수 있지?
요나와 같지 않아서 기쁜가?
어떻게 하나님의 부르심을 피해 그렇게 달아날 수 있지?
바리새인들과 같지 않아서 기쁜가?
어떻게 종교적으로는 옳으면서 영적으로는 그렇게 잘못될 수 있지?
가룟 유다와 같지 않아서 기쁜가?
어떻게 은전 몇 푼에 메시아를 팔아넘길 수 있지?
고린도 신자들과 같지 않아서 기쁜가?
어떻게 주님을 섬기는 것보다 서로 나뉘는 것을 그렇게 좋아할 수 있지?

그러나 잠깐 기다려라.

우리도 그들과 똑같다.

그 사실을 부인할 수는 없다.

그들의 이야기는 우리 자신을 비춰봐야 할 거울이다.

우리도 질투심이 많고, 쉽게 속는다.

우리도 교만하고, 권력에 집착한다.

우리도 나눠기를 잘 하고, 하나님으로부터 도망치기를 좋아한다.

우리도 쉽게 분노하고, 우상에 쉽게 미혹된다.

우리도 다윗,

사울,

리브가,

요나,

엘리야를 비롯해 나머지 모든 사람과 똑같다는 것을

슬퍼하며 인정해야 한다.

그들의 이야기를 통해 우리 자신을 봐야 한다.

우리는 능력이 없고,

우리 자신이 의롭다는 거짓말에

쉽게 속는다.

하나님의 은혜를 의지하라.

그분의 변함 없는 사랑을 붙잡고,

그분의 큰 긍휼 안에서 안식하라.

자기기만의 어둠에서 빠져나와
자신의 실상을 솔직히 인정할 수 있다면 참으로 기쁘지 않겠는가?

묵상 포인트

1. 성경을 읽을 때 그것을 거울로 삼아 자신의 참모습을 보려고 노력하는가?

2. 성경 인물들의 약점과 어리석음과 실패가 내게도 똑같이 해당한다는 것을 겸손히 인정하는가, 아니면 나는 그들과 근본적으로 다르다고 자위하는가?

9.
"그랬더라면 좋았을 텐데!"
라고 더 이상 말하지 말라

"내가 죄악 중에 출생하였음이여
어머니가 죄 중에 나를 잉태하였나이다"(시 51:5).

"그랬더라면 좋았을 텐데!"라는 삶의 태도를 지니기는 너무나도 쉽다. 나도 그런 태도를 보일 때가 많다. "그랬더라면 좋았을 텐데!"라고 말할 수 있는 일들은 너무나도 많다.

좀 더 안정적인 가정에서 자랐으면 좋았을 텐데!
자라면서 더 좋은 친구들을 만났더라면 좋았을 텐데!

부모님이 나를 더 좋은 학교에 보내줬더라면 좋았을 텐데!

내 머리가 좀 더 좋았더라면 좋았을 텐데!

그 사고가 일어나지 않았더라면 좋았을 텐데!

좀 더 건강했으면 좋을 텐데!

그 학위 과정이 처음에 광고한 만큼 좋았더라면 좋았을 텐데!

더 좋은 직업을 가질 수 있었다면 좋았을 텐데!

날마다 교통 체증에 시달리지 않는다면 좋을 텐데!

결혼할 수 있다면 좋을 텐데!

너무 젊었을 때 결혼하지 않았더라면 좋았을 텐데!

결혼하기 전에 결혼이 무엇인지 알았더라면 좋았을 텐데!

좀 더 이해심이 많은 배우자를 만났더라면 좋을 텐데!

그리스도를 좀 더 일찍 알았더라면 좋았을 텐데!

젊었을 때 좋은 교회를 발견했더라면 좋았을 텐데!

경제 형편이 어렵지 않았으면 좋을 텐데!

다른 사람들과 의사를 소통하기가 좀 더 쉽고, 편안했으면 좋을 텐데!

편안하게 어울릴 수 있는 소그룹 모임이 있으면 좋을 텐데!

아이들이 있었으면 좋을 텐데!

아이들이 좀 더 순종적이면 좋을 텐데!

성경을 좀 더 잘 알았으면 좋을 텐데!

사장이 나를 해고하지 않았더라면 좋았을 텐데!

더 좋은 동네에서 살았으면 좋을 텐데!

진정으로 소속감을 느낄 수 있는 곳을 찾으면 좋을 텐데!

하나님이 더 가깝게 느껴지면 좋을 텐데!

겨우 생계를 이어가기 위해 이렇게 힘들게 일하지 않았으면 좋을 텐데!…

"그랬더라면 좋았을 텐데!"라는 말이 그토록 유혹적인 이유는 그 모든 일에 약간의 가능성이 내포되어 있기 때문이다. 우리는 타락한 세상에 살고 있다. 우리는 모두 다양한 형태의 어려움을 겪는다. 우리는 여러 가지 일로 인해 피해를 당하며 살아간다. 우리 가운데 이상적인 환경에서 살거나 완전한 관계를 맺고 사는 사람은 아무도 없다. 세상은 완전하지 않은 곳이고, 우리는 온갖 형태로 그런 세상에 의해 영향을 받는다.

그러나 "그랬더라면 좋았을 텐데!"라는 삶의 태도를 지니고 살면, "내가 삶에서 겪는 가장 큰 문제는 내 안이 아닌 나의 밖에 있다."라고 생각하기 쉽다.

다윗은 시편 51편에서 매우 혁신적인 말을 했다. 그의 말은 우리가 외적인 경험의 산물이라고 생각하는 문화적 성향과 반대된다. 다윗은 "나는 태어날 때부터 죄인이었고, 내 어머니가 나를 잉태한 순간부터 죄로 부패했다."라고 말했다. 그는 자신의 가장 큰 문제가 외적인 상황이나 관계들을 통해 겪은 경험의 결과물이 아니라고 주장했다. 오히려 그는 자신의 가장 큰 문제가 내적이며, 그런 경험을 하기 전부터 존재했다고 말했다.

그는 이 깊은 내면의 문제를 죄라고 일컬었다. 참으로 우리를 겸손하게 만드는 말이 아닐 수 없다.

외부의 악에 이끌리게 유도하거나 그런 악을 그릇된 방식으로 처리하게 만드는 악한 본성이 우리 안에 존재한다. 우리의 가장 큰 문제가 외부에서 일어난 일이나 우리에게 가해진 일이 아니라는 사실을 인정할 때만 비로소 예수 그리스도의 구원의 은혜를 기꺼이 받아들일 수 있다.

우리의 가장 큰 필요가 우리가 세상에 처음 태어났을 때부터 우리에게 존재했다는 사실을 이해해야만, 비로소 오직 하나님만이 주실 수 있는 도움을 갈망할 수 있다. 그래야만 상황이나 관계의 변화 그 이상의 것을 갈망할 수 있고, 우리를 자유롭게 하는 가장 혁신적인 진리를 깨달을 수 있다.

그 진리는 무엇일까? 그것은 우리에게 진정으로 필요한 것이 곧 우리 자신으로부터의 구원이라는 것이다. 우리를 가장 크게 위협하는 것은 우리 자신이다. 이것이 하나님이 그토록 놀라운 은혜의 약속을 우리에게 허락하시는 이유다. 그분의 은혜는 우리를 안에서부터 밖에까지 완전히 새롭게 변화시키는 능력을 지니고 있다.

어떤가? 그 약속을 받아들이겠는가, 아니면 계속 "그랬더라면 좋았을 텐데!"라고 말하겠는가?

묵상 포인트

1. 이 타락한 세상에서 삶의 어려운 현실들과 마주할 때, 어떤 일과 관련해 "그랬더라면 좋았을 텐데!"라는 생각이 물밀 듯 떠오르는가?

2. 하나님이 요구하는 일을 하는 데 필요한 것을 그분이 과연 허락하셨는지가 의심스럽게 생각될 때가 언제인가? 하나님의 돌보심이 온전하고, 충족하다는 것을 진정으로 믿는다면 삶이 어떻게 변할 것 같은가?

10.
더 큰 것

"그리하면 내가 범죄자에게 주의 도를 가르치리니
죄인들이 주께 돌아오리이다"(시 51:13).

고백해야 할 것이 있다. 그것은 내가 수년 동안 그리스도인으로 살아왔으면서도 고백이 무엇인지 몰랐다는 것이다. 나는 잘못을 인정하는 것과 진정한 마음의 고백 사이에는 미묘하지만 매우 중요한 차이가 있다고 생각한다. 한 가지 예를 들면 다음과 같다. 바쁘고, 성가신 순간에 아내에게 불친절하게 말했다고 가정해 보자. 그리고 한 친구가 내가 한 말을 엿듣고는 내게 와서 그 말이 잘못되었다고 꾸짖었다고 생각해 보자. 나의 잘못이 들키고 말았다. 친구가 내 말을 들었기 때문에 그것을 변명할 길이 없었다. 그래서 나는 친구가 지켜보고 있고, 아내가 듣고 있는 상황에서 "자네 말이 옳아. 그런 식으로 말하지 말았어야 해. 여보, 미안해요."라고 말했다. 이것은 겉으로 보면 아무런 잘못도 없는 것처럼 보인다. 그러나 이것은 엄밀히 따져봐야 할 필요가 있다.

내가 한 말이 잘못이라고 인정한 것은 좋은 일이다. 그러나 이 고백은 두 가지 점에서 그릇될 가능성이 있다. 첫째는 내가 잘못을 인정한 이유가 단지 현장에서 들켰기 때문일 수 있다. 내가 한 말에 조금도 양심의 가책을 느끼지 않을 수도 있다. 내가 곤란한 상황에 처했기 때문에 어쩔 수 없이 잘못을 인정해야 했을 수도 있다. 둘째는 그런 고백이 단지 행위에 대한 고백일 뿐(이것도 그 자체로는 나쁜 것이 아니다), 마음에서 진정으로 우러나오는 고백이 아닐 수도 있다는 것이다. 나의 죄를 슬프게 여기고, 그 죄가 마음속 깊은 데서 나온 것이라는 사실을 기꺼이 인정해야만 입술의 고백에서 진정한 회개로 나아갈 수 있다. 내가 아내에게 불친절하게 말한 이유는 내 일정이 바빴기 때문이거나 그녀가 완전하지 않아서가 아니라 내가 원하는 것들(성공이나 지배력이나 인정받는 것 따위)이 있었기 때문이다. 내가 짜증을 낸 이유는 아내가 그런 일들을 방해했기 때문이다.

다윗은 시편 51편에서 정결한 마음과 정직한 영을 구했다(10, 11절). 그는 죄와의 싸움이 단순한 행동보다 더 깊은 차원을 지닌다는 것을 알았다. 그는 간음과 살인이라는 물리적인 행위만이 아니라 부패한 마음의 현실, 곧 주님을 사랑하는 것보다 사사로운 쾌락을 더 좋아하는 성향을 고백했다. 그는 하나님이 진실하고, 지혜로운 마음을 원하신다고 말했다(6절). 그는 불결한 것을 탐하고, 어리석은 것을 사랑하는 마음의 성향을 고백했다.

스스로가 저지른 행위를 깊이 슬퍼하며 고백한다면 어떤 결과가 나타날까? 물리적인 죄가 마구 날뛰는 마음에 의해 일어나는 것임을 인정하면 어떻게 될까? 그렇게 하면 진정으로 돌이킬 수 있다. 이 말은 무슨 의미일까? 그것은 물리적인 죄의 행위에서 돌이킬 뿐 아니라 새롭고, 더 깊은 차원에서 마음을 하나님께로 향하게 할 수 있다는 뜻이다. 이 말은 또 무슨 의미일까? 그것은 우리의 주위에 있는 사람들과 상황에 의해 나의 작은 왕국을 위한 소망이 이루어지기를 바라기보다 더 큰 왕국의 목적에 의해 마음이 지배를 받기 시작한다는 것을 의미한다. 참된 고백은 항상 더 큰 것을 지향하는 삶으로 발전한다.

다윗은 한때는 자신의 작고, 답답한 왕국의 불결하고, 일시적인 쾌락에 집착했지만 이제는 하나님의 위대한 왕국의 초월적인 목적에 기쁨을 느끼고, 거기에 기꺼이 참여하기를 원하게 되었다. 그는 이렇게 말했다.

"그리하면 내가 범죄자에게 주의 도를 가르치리니 죄인들이 주께 돌아오리이다 하나님이여 나의 구원의 하나님이여 피 흘린 죄에서 나를 건지소서 내 혀가 주의 의를 높여 노래하리이다 주여 내 입술을 열어주소서 내 입이 주를 찬송하여 전파하리이다"(13-15절).

진정으로 상하고, 통회하는 마음은 항상 더 큰 것을 지향한다. 자신의 고백이 그런 결과를 향해 나아가고 있다고 생각하는가?

묵상 포인트

1. 잘못된 말이나 잘못된 행위만을 고백하는 데 그치는가, 아니면 말이나 행위의 배후에 있는 그릇된 생각과 욕망까지 고백하는가?

2. 고백을 통해 자신의 소원과 필요와 감정보다 더 큰 것을 위해 살겠다는 의욕을 느끼는가?

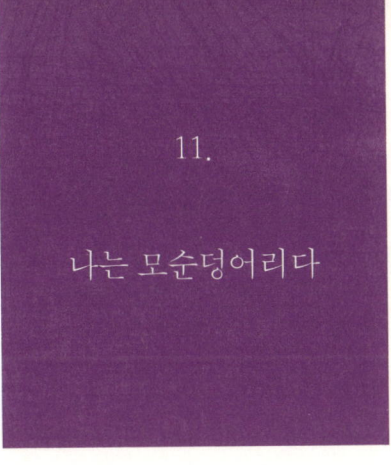

11.
나는 모순덩어리다

"나의 죄악을 말갛게 씻으시며
나의 죄를 깨끗이 제하소서"(시 51:2).

나는 모순덩어리다. 그렇게 되고 싶은 마음은 조금도 없지만 그게 바로 나다.
나는 평화의 복음을 전하지만 나의 삶은 항상 평화롭지만은 않다.
나는 오직 예수님만이 영혼을 온전히 만족하게 하신다고 말하지만 만족하지 못할 때가 많다.
나는 놀라운 은혜의 신학을 높이 우러르지만, 종종 은혜롭지 못하게 반응한다.

하나님의 통제 안에 머물기를 원하면서 나는 왜 스스로 모든 것을 통제하려고 할까?

심지어는 준비가 잘 되어 있다고 생각하는 순간에도 내가 원하지 않은 일을 하게 되는 경우가 적지 않다.

예를 들어 짜증, 조급함, 시기, 불만족, 잘못된 말, 분노, 나의 필요와 욕구와 관심사만을 중시하는 태도 등은 새로운 삶의 열매도 아니고, 은혜의 길도 아니다.

내 안에 죄의 법이 존재한다.

선을 행하려는 마음으로 나섰지만 내가 가는 곳마다 악이 따라온다. 내 안에서 선을 행하려는 마음과 선하지 않은 죄가 서로 싸우고 있다. 마치 죄수처럼 내 의지대로 할 수 없을 때가 있다.

식료품 가게에서 화를 낼 생각이 전혀 없었지만 어떤 사람이 나를 화나게 했다.

불만족스러워할 생각이 전혀 없었지만 조용한 차 안에서 갑자기 온갖 것이 불만스럽게 느껴졌다.

논쟁으로 발전해서는 안 될 대화인데 결국 그렇게 되고 말았다.

하나님의 은혜에 감사하지만 내가 여전히 도움이 필요한 상태라는 증거가 날마다 속출한다.

내 안에서 일어나는 싸움은 신학이나 전략이나 원리나 기교나 계획이나 준비나 유익한 암시나 이론 따위로는 해결할 수 없다.

나는 내가 이길 수 없는 싸움으로 인해 마음이 겸손해졌다.
나는 내가 정복할 수 없는 욕망 때문에 마음이 서글퍼졌다.
나는 변명할 수 없는 행위들 때문에 마음이 괴로워졌다.
그래서 나는 내게 진정으로 필요한 것이 구원이라고 고백하기에 이르렀다.
"오, 하나님. 저를 불쌍히 여기소서!
주님의 변하지 않은 사랑과 그 큰 긍휼로
저의 허물을 없애주시고,
저의 모든 죄악을 씻어 주시며,
저의 죄를 깨끗하게 제하소서.
저는 제 죄과를 아오니
제 죄가 항상 제 앞에 있나이다.
오직 주님 안에서만 발견할 수 있는 구원을 간절히 원합니다.
주 예수 그리스도의 이름으로 감사드립니다."

묵상 포인트

1. 삶의 어떤 부분에서 자신이 살아가는 방식과 자신이 믿는다고 말하는 것이 서로 모순되는가? 그러나 참으로 감사하게도 두려워하거나 숨거나 절망할 필요가 없다. 가장 큰 모순을 저지른 순간에도 항상 우리를 너그럽게 받아주고, 용서해 주시는 하나님 앞에 나가 자신의 모순된 삶을 솔직하게 고백하라.

2. 어떤 유혹의 덫에 자주 걸리는가? 우리에게 주어진 은혜, 곧 우리를 옭아매는 그 어떤 죄보다 더 강력하고, 더 위대한 은혜를 굳게 붙잡고, 높이 우러르는가?

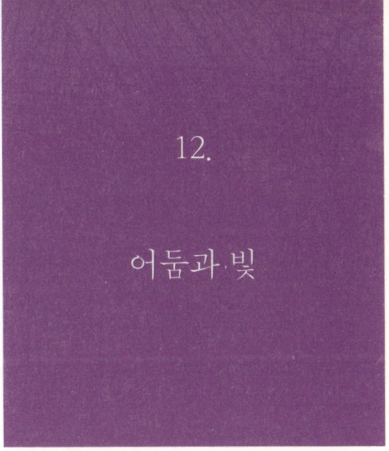

12.
어둠과 빛

"무릇 나는 내 죄과를 아오니"(시 51:3).

그는 너무 오랫동안 어둠 속에서 살았기 때문에 어둡다는 것을 알지 못했다. 어둠이 정상이었다.

그는 빛을 본 적이 없었기 때문에 어둠이 어둡게 느껴지지 않았다. 그는 아침에 일어나서 기도할 때 빛을 갈망하지 않았다. 그는 어둠을 받아들이려고 애쓸 필요가 없었다. 어둠이 그가 아는 전부였다. 그는 더듬거리다가 물건에 부딪혀 넘어질 때가 많았지만 그것이 조금도 성

가시지 않았다. 그것이 그의 일상이었으니까.

그는 보기를 갈망하지 않았다. 그가 보기를 갈망하지 않은 이유는 볼 만한 가치를 지닌 것이 있는지 알지 못했기 때문이다. 그는 보이는 것은 어둠이 전부일 뿐 다른 것은 없다고 생각했다. 그는 크기나 형태나 색깔을 정확하게 인식하지 못했고, 아름다움에 대한 개념도 없었다. 그는 사물들이 실제로 어떻게 생겼는지 알지 못했다. 왜냐하면 그를 감싸고 있는 어둠이 너무 넓게 퍼져 있어 주위의 물건들이 희미하고, 흐릿한 그림자처럼 보였기 때문이다.

그는 자신이 어떻게 생겼는지조차도 알지 못했다, 왜냐하면 한 번도 자기의 모습을 제대로 본 적이 없었기 때문이다. 그는 자기 얼굴을 만져보고, 손으로 가슴까지 쓸어내려 보았기 때문에 자기가 어떻게 생겼는지 알고 있다고 생각했지만 밝은 데서 자기의 모습을 본 적은 한 번도 없었다. 그는 어두운 세상에 만족했고, 어두운 장소에 사는 사람들이 하는 일을 하면서 행복해했다. 그는 매일 아침 잠자리에서 일어나서 눈이 보이지 않는 사람이 하는 일을 하면서 살았다. 그는 자기가 볼 수 없다는 사실을 알지 못했다. 왜냐하면 한 번도 본 적이 없고, 항상 어둠 속에서 살았기 때문이다.

그러던 어느 날이었다. 그가 원하지도, 요구하지도 않은 일이 일어났다. 그의 세상에 한 줄기 빛이 쏟아져 들어왔다. 빛은 처음에는 그를 혼란스럽고, 아프게 했다. 그는 빛이 무엇인지 알지 못했고, 그의 눈은 그것을 수용할 수가 없었다. 그가 아는 것은 단지 빛이 자기가 항상 알고 있었던 어둠과 다르다는 사실뿐이었다. 빛은 밝고, 아름다웠다. 그는 눈이 아팠지만 보는 것을 멈추지 않았다.

그는 빛을 향해 걸어가지 않을 수 없었다. 빛에 가까이 다가갈수록 주위에 있는 것들이 더 분명하게 보이기 시작했다. 그가 한 번도 본 적이 없는 색깔들과 형태들의 세상이 펼쳐졌다. 그러나 그보다 훨씬 더 놀라운 일이 일어나기 시작했다. 그것은 충격스럽기도 하고, 곤혹스럽기도 하고, 가슴 설레는 일이기도 했다. 빛에 가까이 갈수록 그는 자기의 모습이 더욱 선명하게 드러났다.

그가 가장 먼저 알게 된 사실은 자신이 벌거벗고 있다는 것이었다. 그는 처음으로 벌거벗었다는 사실을 의식했다. 벌거벗은 것이 불편하게 느껴진 것은 처음이었다. 그러나 그는 자신이 벌거벗었다는 사실뿐 아니라 더럽기까지 하다는 것을 알았다. 더욱이 그는 더러웠을 뿐 아니라 또한 절름발이이기도 했다.

그는 빛을 향해 계속 걸어갔다. 그는 그렇게 하면서 기쁨을 느꼈지만 그 기쁨에는 슬픔이 깃들어 있었다. 그는 걸으면서 울기 시작했다. 전에는 그렇게 운 적이 한 번도 없었다. 그는 자신의 몰골을 보는 것이 고통스러워서 눈물을 흘렸다. 전에는 자기가 불구라는 사실을 알지 못했지만 이제 알게 되니 몹시 서글펐다. 그는 자기가 날 때부터 그런 상태였다는 사실을 알고는 충격에 빠졌다. 그는 자기가 절뚝거리며 걷고 있다는 사실을 알고는 깜짝 놀랐다.

그러나 그의 충격은 이내 가장 큰 갈망으로 바뀌었다. 그것은 그가 한 번도 먹어보지 못한 무엇인가를 원하는 강렬한 갈망이었다. 그는 그것을 간절히 원했다. 그가 생전 처음 간절히 원했던 것은 깨끗해지는 것이었다.

스스로가 불구라는 사실이 만족스럽지 않게 느껴진 것도 생전 처음이기는 마찬가지였다. 그는 치유를 갈망했다. 그는 빛이 무엇인지 전혀 이해할 수 없었지만 생전 처음 그 안에서 살기를 원했다. 그는 다시는 어둠 속에서 살고 싶지 않았다.

그래서 그는 달리기 시작했다. 그가 달리기 시작한 이유는 자신의 세상을 온통 새롭게 바꾸어 놓은 빛에 끌렸기 때문이다. 그가 빛 가운데 거하고 싶어 했던 이유는 그 안에서 살면 깨끗하게 씻을 수 있을 것을 알았기 때문이다. 그는 전에는 달린 적이 없었다. 왜냐하면 절름발이였기 때문에 달릴 수가 없다고 생각했기 때문이다. 그러나 그는 이제는 힘껏 내달렸다. 빛이 그를 끌어당기고 있었다. 빛이 그에게 힘을 주었다.

그는 어두운 장소에서 보냈던 암울한 날들을 생생하게 기억했다. 그는 슬프기도 하고, 즐겁기도 한 마음으로 그 모든 날을 기억했다. 그는 자기가 깨끗함과 치유함을 받았을 뿐 아니라 볼 수 있는 능력까지 얻었다는 사실을 분명하게 의식했다. 그는 자기가 살 수 없는 옷을 입게 된 것과 깨끗해지고 싶은 마음을 갖게 된 것을 너무너무 감사하게 생각했다.

사랑이 넘치시는 하나님, 은혜를 베푸소서.

긍휼이 크신 하나님, 나의 죄악을 없애주소서.

나의 죄악을 깨끗하게 벗겨내 주시고,

나의 죄를 제거해 주소서.

내가 얼마나 사악한지 잘 아옵니다.

나의 죄가 항상 나를 노려보고 있나이다.

(시 51:1-3 〈메시지〉에서)

묵상 포인트

1. 하나님은 놀라운 은혜를 베풀어 우리를 어둠에서 해방시켜 사랑과 진리의 빛 가운데 살게 하셨다. 지금도 어둠(옛 습관, 이전의 관계, 은밀한 욕망, 잘못된 생각 등)에 끌리거나 유혹을 느끼는 것이 있다면 무엇인가?

2. 하나님이 어떤 삶의 변화(보고, 기억하고, 축하하고, 열심히 추구할 필요가 있는 변화)를 이루셨는가?

13.

구원의 즐거움

"주의 구원의 즐거움을 내게 회복시켜 주시고 자원하는 심령을 주사 나를 붙드소서"(시 51:12).

나의 죄

주님의 변함 없는 사랑,

나의 허물

주님의 큰 긍휼,

나의 죄악

주님의 깨끗게 하시는 은혜,

나의 악

주님의 자비,

나의 죄

주님의 지혜,

나의 불의

주님의 임재,

나의 범죄

주님의 회복,

나의 죄

주님의 구원.

나의 노래

주님의 의,

나의 상한 심령

주님의 기쁨,

나의 번영

주님의 선한 즐거움,

주님의 제단

나의 기쁨,

주의 얼굴을 내 죄에서 돌이키시고,

내 속에 정한 마음을 창조하시며,

나를 주 앞에서 쫓아내지 마시고,

주의 성령을 내게서 거두지 마소서.

주의 구원의 즐거움을 내게 회복시켜 주시고,

자원하는 심령을 주시고,

피 흘린 죄에서 나를 건지소서.

나를 살리소서.

나는 내 죄과를 아오니

내 죄가 항상 내 앞에 있나이다.

묵상 포인트

1. 하나님의 사랑 때문에 우리는 구원의 즐거움에 참여하게 되었다. 구원의 즐거움을 누리는 가운데 주로 무엇을 위해 기도하는가? 혹시 그런 기도 가운데 마음속의 갈등이나 싸움보다 외부적 상황이나 환경과 관련된 것들이 더 많지는 않은가?

2. 지금 당장 하나님의 도움과 능력과 구원과 사랑과 지혜를 구해야 할 문제가 있다면 무엇인가?

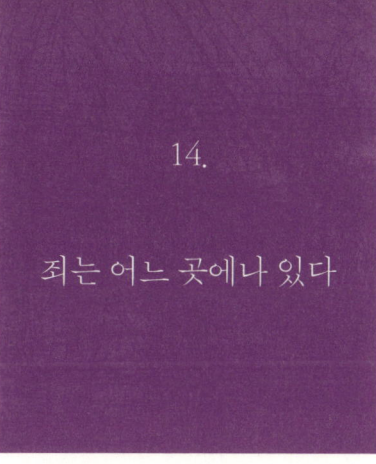

14.
죄는 어느 곳에나 있다

"내 죄가 항상 내 앞에 있나이다"(시 51:3).

"죄는 금지되었기 때문에 해롭지 않다. 그러나 또한 해롭기 때문에 금지되었다."_벤저민 프랭클린

"결혼은 사랑이 30퍼센트, 용서가 70퍼센트다."_노자

"다른 사람들의 죄는 우리의 눈앞에 있고, 우리의 죄는 우리의 등 뒤에 있다."_세네카

"쾌락은 죄의 미끼다."_플라톤

"죄는 들통날 기미가 보일 때 새롭고, 진정한 공포를 드러내기 시작한다."_마크 트웨인

"쾌락의 미끼 아래 갈고리가 숨겨져 있지 않다는 사실을 확인하기 전까지는 그것을 절대로 물지 말라."_토머스 제퍼슨

"죄는 처음에는 달콤하지만 나중에는 쓰다."_탈무드

"사람들은 갈수록 게으른 것을 좋아한다. 그것은 처음에는 거미줄처럼 시작했다가 나중에는 쇠사슬로 변한다."_토머스 파웰 벅스턴

"죄를 짓는 것은 인간의 일이고, 죄를 정당화하는 것은 마귀의 일이다."_톨스토이

"죄를 지었거든 회개하기 전에는 자리에 눕지 말라. 죄를 짓고도 회개하지 않으면 마음이 더욱더 강퍅해진다."_존 번연

"죄를 고백하기 전에는 죄 사함을 받을 수 없는 것처럼 죄를 미워하지 않으면 죄의 습관에서 놓여날 수 없다."_이그나티우스

"시간이 지나면 죄가 저절로 없어질 것이라는 생각은 순전한 착각이다. 시간만으로는 죄의 현실이나 죄책감이 결코 사라지지 않는다."_루이스

"자아가 우리의 타락한 상태에서 비롯하는 모든 악의 뿌리요 나무요 가지다."_윌리엄 로

"간단히 말해 인간은 스스로가 짓는 죄를 짓게 만드는 죄의 본성으로부터 해방되어야 한다."_조지 맥도널드

"좋은 것이 없이 겉으로만 좋아 보이는 것이 이 시대의 유혹이다."

_브레넌 매닝

"회개란 우리의 뜻을 부인하고, 우리의 환상을 거부하는 것이다."
_몽테뉴

"개인적인 죄를 반성하면 동정심을 자극한다." _존 새나한

"사람들은 스스로가 믿는 것을 하지 않고, 가장 편리한 것만 하다가 결국 후회한다." _밥 딜런

"후회를 어떻게 정의할지를 아는 것보다 후회를 느끼고 싶다." _토마스 아 켐피스

"왜 아무도 자신의 죄를 고백하지 않는 것일까? 그 이유는 아직도 여전히 죄를 짓고 있기 때문이다. 잠에서 깨어나 꿈 이야기를 하는 사람만이 죄를 고백할 수 있다." _세네카

"죄는 무엇이든 중독성이 있다. 중독의 결말은 파멸이다." _오덴

"아담이 사과를 먹었고, 우리의 이빨은 여전히 시큰거린다." _헝가리 속담

"죄는 결코 멈추는 법이 없다. 죄에서 물러서지 않으면 죄 가운데서 계속 앞으로 나갈 수밖에 없다. 더 멀리 나갈수록 되돌아올 길이 더 멀어진다." _아이작 배로

"인간을 만든 목재만큼 그렇게 휘어진 목재로는 완벽하게 곧은 것을 아무것도 만들어낼 수 없다." _임마누엘 칸트

"우리는 너무나 기독교적이라서 죄를 진정으로 즐기지 못하고, 또 너무나 죄를 좋아해서 기독교를 진정으로 즐기지 못한다." _피터 마샬

"원죄는 인간이 스스로의 완전함을 생각할 수는 있어도 그것을 달성하기는 불가능한 상태임을 의미한다."_라인홀드 니버

"자신이 즐겨 짓는 죄를 지적하는 소리를 달게 들을 사람은 거의 없다."_윌리엄 셰익스피어

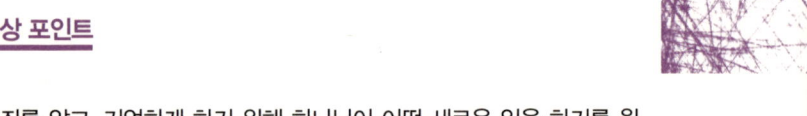

묵상 포인트

1. 죄를 알고, 기억하게 하기 위해 하나님이 어떤 새로운 일을 하기를 원하시는가?

2. 그런 새로운 깨달음을 통해 일상생활 속에서의 관계와 상황에 대한 대응 방식을 바꾼다면 어떻게 바꾸어야 할까?

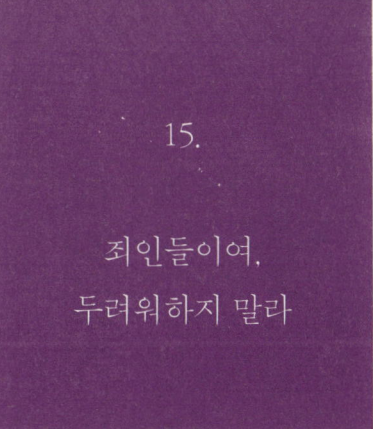

15.
죄인들이여, 두려워하지 말라

"주의 인자를 따라…주의 많은 긍휼을 따라"(시 51:1).

우리는 나이가 들수록 우주 비행사에서 고고학자로 바뀐다. 젊었을 때는 설레는 마음으로 미지의 세계를 향해 힘차게 나아간다. 앞길에는 중요한 삶의 결정들이 놓여 있고, 우리는 우리의 잠재력을 저울질하고, 여러 가지 가능성을 타진한다. 때는 탐험과 발견의 시기다. 전에 가본 적이 없는 곳에 가고, 전에 해 본 적이 없는 일을 하는 시기요, 훈련받은 것을 활용하며 경험을 쌓기 시작하는 시기다.

그러나 나이가 들면 앞을 바라보는 만큼 또한 뒤를 바라보기 시작한다. 우리는 뒤를 돌아보면서 땅속에 묻힌 문명, 곧 우리의 과거를 파헤쳐 그동안의 생각과 욕망과 선택과 행동과 말과 결정과 관계와 상황의 파편들을 찾는 경향이 있다. 그렇게 하면서 우리는 주어진 것을 가지고 어떻게 해 왔는지를 평가한다.

"인생을 돌아보면서 '나는 어떤 식으로든 최대한 선하게 살았다.'라고 말할 수 있을 만큼 대담하고, 거만한 사람이 과연 누가 있겠는가? 누구나 그런 파편들을 손에 들고는 최소한 약간의 후회라도 느낄 것이 당연하지 않겠는가? 누구나 스스로 했던 말이나 결정이나 행동 가운데 되돌리기를 바라는 것들이 있지 않겠는가?"라는 물음을 잠시 생각해 보자.

만일 우리가 겸손하고, 정직한 태도로 우리의 삶을 바라본다면 우리가 불완전한 인간이라고 결론짓지 않을 수 없을 것이다.

그러나 자책할 필요도 없고, 우리의 실패를 축소하거나 부인하려고 애쓸 필요도 없으며, 우리의 약점이 드러났을 때 방어적인 태도를 취할 필요도 없고, 우리 자신을 실제보다 더 낮게 보이게 할 의도로 우리의 역사를 고쳐 쓸 필요도 없으며, 후회와 회한에 사로잡혀 고통스러워할 필요도 없고, 생각을 멈추기 위해 우리를 분주하게 만들 필요도 없으며, 약물로 우리의 정신을 마비시킬 필요도 없다. 우리의 가장 깊고, 어두운 실패를 정면으로 응시하면서도 두려워하지 않을 수 있다면 참으로 굉장하지 않겠는가?

가장 후회스러운 순간들을 정직하게 떠올리면서도 망연자실하지 않을 수 있다면 참으로 큰 위로가 되지 않겠는가? 우리가 죄인이라고 고백하면서도 두려워하거나 침울해하지 않을 수 있다면 참으로 놀랍지 않겠는가?

다윗처럼 삶의 희망이 인격의 순결함이나 행위의 완전함에 있지 않다는 사실을 깨달은 덕분에 그렇게 할 수 있다면 참으로 감사한 일이 아니겠는가?

우리가 죄인이라는 사실을 알고서도 안심할 수 있는 이유는 하나님이 존재하실 뿐 아니라 그분이 긍휼과 인자와 사랑이 풍성하신 하나님이시라는 사실을 알기 때문이다.

용서와 새로운 시작을 희망할 수 있는 이유는 하나님이 존재하시기 때문이다.

그렇다. 우리는 우리의 죄와 실패를 온전히 인정하면서도 두려워하지 않을 수 있다.

묵상 포인트

1. 삶의 어떤 부분에서 아직도 하나님의 분노와 심판과 거절을 두려워하는 마음이 느껴지는가? 하나님이 나와 같은 죄인도 기꺼이 사랑하신다는 사실이 의심스러운가?

2. 하나님이 이미 용서를 베푸셨고, 과거의 행위에 근거해 나를 대하지 않으시는데도 여전히 후회하며 자책하는 문제가 있는가?

16.
번영의 복음

"주의 은택으로 시온에 선을 행하시고
예루살렘에 성을 쌓으소서"(시 51:18).

겸손한 고백의 기도가 매우 흥미로운 방식으로 끝을 맺는다.

"주의 은혜로 시온에 선을 행하시고 예루살렘 성을 쌓으소서 그 때에 주께서 의로운 제사와 번제와 온전한 번제를 기뻐하시리니 그 때에 그들이 수소를 제단에 드리이다"(시 51:18, 19).

그렇다. 이 고백의 시편은 번영을 구하는 기도로 끝을 맺는다. 다윗은 하나님의 긍휼만이 아니라 축복을 구했고, 그것도 자기 자신만이 아니라 이스라엘 백성 모두의 축복을 구할 만큼 대담했다.

"이 사람이 과연 제대로 교훈을 얻은 것일까? 진정으로 중요한 것이 무엇인지를 깨달은 것일까?"라는 생각이 들 수도 있다. 그러나 우리는 다윗이 드린 기도의 이 마지막 부분을 다시금 천천히 읽어볼 필요가 있다.

다윗이 구한 것은 번영을 추구하는 요즘의 "건강과 부의 복음"과는 완전히 다르다. 번영을 구하는 그런 기도는 한 가지 치명적인 결함을 지니고 있다. 그것은 기도하는 사람을 기쁘게 할 목적으로 번영을 구하는 기도다.

다윗의 기도는 그렇지 않다. 그는 잠시 자기중심적인 삶을 살았지만 나중에는 더 큰 것을 위해, 곧 자기의 왕국보다 더 위대한 왕국을 위해 살고자 하는 소명감에 불타올랐다. 그의 기도는 그가 스스로의 기쁨을 위해 사는 것이 위험하다는 사실을 깨달았다는 증거다. 그가 번영을 구하는 기도를 드린 이유는 그의 마음이 철저하게 변화되었기 때문이다.

그렇다면 다윗은 왜 번영을 구했을까? 그가 번영을 구한 이유는 하나님의 영광과 즐거움을 위해서였다. 하나님이 더 이상 개인의 작은 왕국이 아니라 자신의 위대한 왕국을 위해 사는 백성들을 형통하게 하실 때 세상에서 그분의 나라가 지향하는 목적이 더 많이 이루어져 그분의 영광이 더욱 커지는 결과가 나타난다. 하나님의 나라를 사랑하는 사람에게 물질을 주면, 그는 그것을 그분의 나라를 위한 일에 소비할 것이다. 하나님의 나라를 구하는 사람에게 집을 주면 그 집이 관대함과 사랑과 사역을 베푸는 터전으로 사용될 것이다. 다윗의 마음이 하나님께로 돌아섰기 때문에 그는 자신의 영광이 아닌 하나님의 영광을 위해 번영을 구했다.

더욱이 하나님이 자기 백성을 축복하시면 그들은 그분께 겸손한 태도로 헌신적인 예배를 드린다. 하나님의 용서를 옳게 깨닫고, 받을 자격이 없는 축복을 받았다는 사실을 인지하면, 그 순간 내가 한때 꼭 붙잡고 놓지 않으려던 것을 기꺼이 그분께 드릴 수 있다. 하나님은 자기 백성의 희생 제물을 좋아하신다. 왜냐하면 그런 식으로 하나님을 예배하는 것이 그들을 창조하신 목적이기 때문이다. 피조물 가운데서 만족을 구하는 일을 중단하고 하나님 안에서 만족을 발견하기 시작하면, 한때 나를 단단히 붙들고 있던 것들을 기꺼이 놓을 수 있다. 그럴 때 나의 기쁨이 곧 주님의 기쁨이 된다.

번영을 구하는 기도는 옳은가? 그렇다. 그러나 우리의 왕국이 아닌 하나님의 왕국을 위해, 우리의 기쁨이 아닌 그분의 기쁨을 위해 구해야 한다. 하나님이 자기를 위해 사는 백성들을 형통하게 하시면 그들은 그 축복을 가지고 그분을 더욱더 열심히 섬긴다. 그럴 때 하나님이 영광을 받으시고, 크게 기뻐하신다.

묵상 포인트

1. 어떤 축복을 원하는가? 하나님이 어떤 "좋은 것들"을 허락해 주시기를 바라는가? 만일 자신의 뜻대로 살고자 한다면 하나님이 어떻게 형통함을 허락해 주시겠는가?

2. 하나님이 허락하시는 축복을 어떻게 받아들일 것인가? 그분이 맡기신 것들을 어떻게 사용하고 있는가?

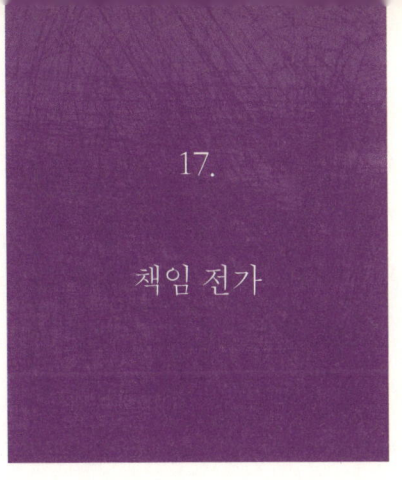

17.
책임 전가

"주께서 말씀하실 때 의로우시다 하고
주께서 심판하실 때 순전하시다 하리이다"(시 51:4).

나는 정말로 다른 사람을 탓하고 싶다.

다른 사람에게 책임을 전가할 수 있으면 좋겠다.

다른 사람을 향해 손가락질하는 것이 좋다.

나 자신에게 다른 사람의 탓이라고 말하고 싶다.

나는 다른 사람의 탓이라는 논리를 세우려고 애썼다.

그때는 그것이 다른 사람의 책임이라고 주장했다.

내 잘못을 뒤집어씌울 수 있는 다른 죄인이 항상 존재했다.
내 잘못을 전가할 수 있는 상황이 항상 존재했다.
내가 그런 일을 하게 만든 요인이 항상 존재했다.
내가 아닌 다른 데를 가리킬 수 있는 빌미가 항상 존재했다.
그러나 어두운 밤에 잠자리에 누워 있으면
그런 논리가 마음에서 와장창 무너져 내린다.
잠들기 전에 고통이 나를 옥죄어 숨을 쉬기가 어렵다.
머릿속으로 낮의 일을 다시 생각하면 마치 방망이로 맞는 듯한 느낌이 든다.
피해서 도망칠 괴물도 없고, 내세울 변명거리도 없다.
나의 싸움은 외적인 것이 아니다.
나의 적은 외부에 있지 않다.
싸움은 내 안에서 벌어진다.
가리키거나 달아날 곳은 어디에도 없다.
독자적인 의로움도 없고,
자부심을 갖거나 편안히 안식할 만한 이유도 없다.
나는 나의 가장 큰 원수이자 나의 유일한 희망의 발견자.
조용히 현실을 직시하면 아무도 탓할 수 없다.
다시금 눈을 감고 나의 유일한 희망이
나보다 위대한 다른 누군가에게서 발견된다는 사실을 기꺼이 인정한다.

묵상 포인트

1. 내면(마음)의 싸움을 외적인 상황 때문이라고 변명하고픈 유혹을 느끼는 문제가 있다면 무엇인가? (예를 들면, "그가 나를 그렇게 질투하게 만들었어." "내가 화를 낸 것은 교통 체증 때문이야." "이 직업을 갖기 전에는 이렇게 짜증을 부리지 않았어." 등등).

2. "나의 가장 크고, 가장 지속적인 문제는 내 안이 아닌 내 밖에 있어."라는 생각에 사로잡힌 까닭에 하나님의 자녀로서 누려야 할 은혜를 구하지 못했던 경우가 있었는가?

18. 변함없는 사랑

"주께서는 제사를 기뻐하지 아니하시나니 그렇지 아니하면 내가 드렸을 것이라 주는 번제를 기뻐하지 아니하시나이다"(시 51:16).

주님의 영광을 보고,

주님의 지혜에 귀를 기울이고,

주님의 은혜를 갈망하며,

항상 주님을 바라보며 살고 싶습니다.

그러나 저의 왕국을 보고,

제 생각에 귀를 기울이고,

제 뜻을 추구하며,

항상 저를 바라보며 살고 있습니다.

제가 주님을 위해 창조되었다는 것을 알고 있습니다.

희망도 알고,

의미도 알고,

목적도 알고,

정체성도 알고 있습니다.

매일의 삶에 대한 계획을

주님 안에서 발견해야 한다는 것도 알고 있습니다.

그러나 저는 저의 왕국을 원하고,

저의 영광을 사랑하고,

저 스스로 의미를 정의하고,

제가 통제하기를 좋아합니다.

주님이 제가 드리는 번제에

속지 않으시리라는 것을 잘 압니다.

이것은 결코 끝나지 않는 싸움입니다.

저의 마음이 싸움터입니다.

주님이 작정하신 것과 제가 원하는 것 사이에서

도덕적인 육탄전이 벌어집니다.

그런 까닭에 주님의 영광 안에서 즐거움을 발견하지 못하고,

주님의 율법을 기뻐하지 못합니다.

그러나 제 마음은 안식을 누리지 못합니다.

더 나은 길이 있다는 것을 알고 있습니다.

주님이 하나님이고,

저는 아니라는 사실을 잘 압니다.

저의 죄는

단순히 그릇된 행위나

잘못된 선택이나

나쁜 말에 국한되지 않습니다.

저는 주님과 관계를 맺고 살도록 창조되었지만,

저의 죄가 그 관계를 끊어놓습니다.

저의 죄는 주님을 밀어내고 그 자리에

주님보다 더 사랑하는 것을 앉히려는 행위입니다.

제가 저지르는 잘못된 행위들이 모두

주님을 사랑하지 않고,

자아를 사랑하는 저의 실상을 보여줍니다.

똑바로 보고,

인정하고,

슬피 뉘우치며,

"내가 주께만 범죄하여 주의 목전에 악을 행하였나이다."라고 고백

할 수 있게 도와주소서.

싸움이 계속되더라도

주님의 긍휼 안에서,

주님의 자애로움 안에서,

주님의 변함없는 사랑 안에서

안식할 수 있도록 도와주소서.

묵상 포인트

1. 자신의 삶 속에서 자아라는 작은 왕국이 하나님 나라의 사역을 방해하고 있지는 않은가(마 6:19-34 참조)?

2. 삶 속에서 간절히 바라는 것 가운데 하나님의 소명, 하나님의 은혜, 하나님의 영광, 하나님의 나라보다 자신에게 더 큰 영향을 미치는 것이 있다면 무엇인가?

19.
주기도

"내가 주께만 범죄하여
주의 목전에 악을 행하였사오니"(시 51:4).

아마도 주기도에서 발견되는 말씀보다 더 위험한 말은 없을 것이다. 주기도보다 더 급진적인 기도는 없다. 주기도보다 우리의 삶을 더 크게 흔들어 뒤엎을 만한 것은 아무것도 없다. 사람들이 주기도의 내용이 무슨 의미인지를 올바로 이해하면, 대부분 주기도를 드리기를 주저할 것이다. 그것이 우리의 삶을 송두리째 뒤집어엎을 기도라는 사실을 알면, 누구든 주기도를 암송하기 전에 머뭇거릴 것이 틀림없다.

주기도가 응답된다면 우리의 삶과 관련된 많은 것들이 무너져내렸다가 새롭게 재건되어야 한다. 만일 다윗이 주기도를 암송했고, 또 그대로 살았다면 성경에 시편 51편은 존재하지 않았을 것이다.

내가 염두에 두고 말한 혁신적인 내용은 다름 아닌 "나라가 임하시오며 뜻이 하늘에서 이루어진 것 같이 땅에서도 이루어지이다"(마 6:10)라는 간구다. 솔직히 말하건대, 내가 항상 하나님의 나라를 기쁨으로 받아들이는 것은 아니다. 삶 속에서 내가 원하는 것들이 있다. 나는 그것들을 원할 뿐 아니라 내가 언제, 어떻게, 어디에서 그것들을 원하는지 알고 있다.

나는 나의 삶이 안락하기를 원한다. 나는 내 일정이 방해받지 않고, 항상 예측가능하기를 원한다. 나는 내 주위 사람들이 나를 존중하고, 이해해 주기를 원한다. 나는 내 삶과 관련된 상황과 관계들을 잘 통제하기를 원한다. 나는 사람들이 나의 견해를 인정하고, 나의 인도를 잘 따라주기를 바란다. 나는 내가 재미있게 생각하는 일들을 항상 즐길 수 있기를 원한다. 나는 내가 이끄는 사역이 인정을 받고, 성공을 거두기를 원한다. 나는 내 자녀들이 나 같은 사람을 아버지로 둔 복을 누리고 있다는 것을 고맙게 생각해 주기를 원한다. 나는 나의 아내가 즐겁고, 헌신적인 태도로 나의 꿈을 이루는 데 기여해 주기를 바란다.

나는 고난을 받고 싶지 않다. 나는 쪼들리게 사는 것이 싫다. 나는 개인적인 패배나 사역의 실패를 경험하고 싶지 않다. 한 마디로 나는 나의 나라가 임하고, 나의 뜻이 이루어지기를 바란다.

이런 점에서 나는 다윗과 똑같다. 다윗의 왕국에서는 밧세바가 그의 아내가 될 수 있었다. 다윗의 왕국에서는 밧세바가 남편 없는 여자처럼 취급될 수 있었다. 다윗의 왕국에서는 밧세바도 취하고, 하나님의 축복도 받아 왕국을 지배할 수 있었다. 따라서 다윗은 자신이 더 위대한 왕의 사자로 보내심을 받았다는 사실을 망각하고, 자기 왕국을 위한 열정에 사로잡혀 행동했다.

슬프게도, 나도 그와 똑같은 일을 하고 있다. 나는 자녀들이 하나님의 법이 아닌 나의 법을 어겼다는 이유로 그들에게 화를 내고, 아내가 내 왕국의 목적을 이루는 데 걸림돌이 되었다는 이유로 그녀에게 짜증을 부리며, 하나님이 내가 그토록 애써 피하려고 하는 불편한 일들을 나의 삶에 허락하셨다는 이유로 그분에 대해 실망한다.

"나라가 임하시오며"는 위험한 기도다. 왜냐하면 우리 자신의 주권을 포기한다는 뜻이기 때문이다. 이 기도는 우리의 삶이 다른 존재의 뜻에 따라 형성된다는 의미이자 하나님의 정화하는 은혜로 인한 혼란과 불편과 시련을 겪어야 한다는 의미다. 이 기도는 우리의 우주의 중심을 그곳에 앉기에 합당한 유일한 존재이신 주님께 내어드리고, 하나님과 이웃을 우리 자신보다 더 사랑하며, 하나님이 우리의 속박을 깨뜨리실 때에만 발견될 수 있는 자유를 경험하고, 진정으로 영광스러운 영광, 곧 하나님의 영광을 위해 살겠다는 뜻이다.

그리스도께서 우리에게 가르치신 기도는 죄를 대항하는 수단이다. 죄는 마음에서부터 시작되기 때문에 마음으로 나의 뜻보다 하나님의 뜻을 더 바라야만 하나님이 정하신 도덕적인 한계 내에서 살아갈 수 있다. 오직 하나님의 은혜만이 그런 마음을 가질 수 있게 해준다.

"나라가 임하시오며"는 복종의 기도이자 보호의 기도요, 항상 죽음과 파멸로 귀결되는 왕국, 곧 자아의 왕국으로부터 구원자를 통해 구원받은 사람들만이 드릴 수 있는 은혜의 기도다.

묵상 포인트

1. "주님, 무슨 말이나 선택이나 행위를 하든지 모두 나의 왕국이 아닌 주님의 왕국을 위해 하겠습니다."라고 기꺼이 말하겠는가?

2. 하나님이 나의 작은 왕국에서 나를 해방해 자기 왕국을 위해 살도록 부르셨다는 사실을 아는 것에서 기쁨과 희망을 발견하는가?

20.
나단의 유산

"선지자 나단이 그에게 왔을 때"(시편 51편의 표제).

큰 소리도 없었고,

손가락질도 하지 않았으며,

눈도 번뜩이지 않았고,

벌겋게 상기된 얼굴로 비난을 퍼붓지도 않았으며,

이마에 핏대가 솟지도 않았고,

경멸적인 욕설을 퍼붓지도 않았으며,

무서운 위협도 가하지 않았고,
단죄의 화살을 날리지도 않았으며,
궁지로 몰아넣는 논리도 펴지 않았고,
"어떻게 감히 그런 일을?"이라거나
"당신이 그럴 줄을 몰랐소?"라거나
"대체 무슨 생각을 하고 있었던 게요?"라고
말하지도 않았다.
공개적인 비판도 하지 않았고,
체포 영장을 들이밀지도 않았으며,
수갑도 채우지 않았고,
끌고 가서 기소하지도 않았으며,
죄를 줄줄이 나열하지도 않았고,
인간의 술수를 쓰지도 않았으며,
하나님의 일을 하는 것처럼 애쓰지도 않았고,
억지로 변화를 강요할 생각도 없었으며,
인간의 능력을 신뢰하지도 않았고,
인간적으로 이용하려고 하지도 않았으며,
정치적인 언동을 취하지도 않았다.
그런 것은 전혀 없었다.
겸손한 선지자는 단지
죄인과 죄인으로서

조금도 우월감을 느끼지 않고,
함께, 나란히 마주 보고,
아주 간단한 이야기를 전했을 뿐이다.
그는 소경이 볼 수 있도록 돕는
도구가 되기를 바라며,
자아를 신뢰하지 않고,
침착하고,
단순하게 말했고,
단지 알기 쉬운 표현으로 묘사한
익숙한 이야기를 통해 하나님이
오직 그분만이 하실 수 있는 일,
곧 강퍅한 사람의 단단한 마음을 깨뜨리는 일을
하실 수 있게 해드렸다.
그리고 그로 인해
다시 느끼고,
다시 보고,
다시 울고,
다시 기도하고,
다시 간청하고,
다시 희망을 품고,
다시 사랑하고,

새롭고, 더 나은 길을 위해
다시 헌신하기를 바랐다.
성급하거나,
비판적이거나,
"내가 너보다 낫다."고 생각하지 않고,
분노나
자기 의의 유산이 아니라
은혜를 받을 자격이 없지만
그것이 없이는 살 수 없는 사람에게
은혜를 베풀어
은혜의 사람만이 거둘 수 있는 유산을 남겼다.

묵상 포인트

1. 점점 목소리를 더 높여가며 거친 말과 가차 없는 논리와 분노에 찬 비난을 쏟아내고 싶은 마음을 갖게 만드는 사람들이 주위에 있는가?

2. 그런 관계 속에서 나단이 다윗에게 했던 것처럼 하나님의 도구가 되어 개인적인 통찰력과 변화를 불러일으키는 역할을 한다면 어떻게 될까?

21.
우슬초

"우슬초로 나를 정결하게 하소서 내가 정하리이다
나의 죄를 씻어주소서 내가 눈보다 희리이다"(시 51:7).

부인할 수도, 되돌릴 수도 없는 죄를 짓고서 격한 슬픔을 느끼는 사람이 이상한 기도를 드렸다. 그러나 이것은 다윗은 물론, 우리 각자가 죄를 깨달을 때마다 꼭 드려야 할 올바른 기도가 아닐 수 없다. 그런데 시편 51편에서 이 단어를 처음 읽으면 자연히 "도대체 우슬초가 뭐지?"라는 의문이 들 것이 틀림없다.

이 식물을 탐구해봤자 그다지 큰 도움은 되지 못할 것이다. 이것은 가냘프게 보이는 흰 꽃을 피우는 식물이다. 어떤 사람들은 이 식물이 약효를 지니고 있다고 생각하기도 한다. 그러나 여기에서는 "위키피디아"의 정보가 별로 도움이 되지 못한다.

다윗의 애처로운 간청을 이해하려면 구약 성경의 역사를 알아야 한다. 다윗은 최초의 유월절, 곧 애굽의 장자들은 모두 죽고, 문설주에 양의 피를 바른 이스라엘 백성의 집은 화를 모면했던 당시의 일을 머릿속에 떠올렸다. 그렇다면 이런 사실이 다윗의 간구와 무슨 관련이 있을까? 하나님은 이스라엘 백성에게 우슬초 가지로 양의 피를 묻혀 문설주에 바르라고 지시하셨다.

다윗은 "이미"와 "아직 아니"의 사이에서 자신의 죄를 슬퍼하며 하나님 앞에 머리를 조아렸다. 첫 번째 유월절의 피가 이미 이스라엘 백성을 죽음으로부터 보호하고, 자유와 약속의 땅을 향한 그들의 집단 탈출을 가능하게 만들었다. 모세의 율법 체계에 근거한 지속적인 동물 제사가 이미 하나님의 백성들의 죄를 가려주었다. 그러나 약속된 참된 어린 양은 아직 오시지 않았다. 그분이 마지막 희생을 통해 단번에 피를 쏟아 동물 제사를 영원히 필요 없게 만들 역사는 아직 일어나지 않았다.

다윗의 말은 과거를 회상하지만 실제로는 미래로 나아가는 의미를 지닌다. 그의 말은 미래의 기도를 위한 궁극적인 배경을 형성한다. 왜냐하면 구원을 위해 흘린 피(유월절)와 용서를 위해 흘린 피(모세 율법의 희생 제도)를 기억하며 정결함을 부르짖는 기도에는 자신의 죄를 인정하는 사람이라면 누구나 부르짖어야 할 것(정결함)을 구하는 다윗의 간절한 염원이 담겨 있기 때문이다.

죄가 참으로 흉측하게 느껴져 마음이 고통스럽고, 가슴이 몹시 답답할 때는 용서가 몹시 필요하겠지만 사실은 그 이상의 것을 원할 수밖에 없다. 그것은 바로 정결해지는 것이다. 그럴 때는 단번에 모든 죄로부터 정결해지기를 갈망하고, 죄가 단번에 씻어 없어지기를 원하며, 악한 생각이나 욕망이나 말이나 행위에서 비롯한 모든 어두운 앙금이 깨끗이 사라지기를 바라기 마련이다.

그렇다. 우리는 비록 더러운 몰골로 하나님 앞에 나서더라도 값없이 주어지는 그분의 무한한 은혜 때문에 두려워하지 않을 수 있다. 그분의 용서는 온전하고, 완전하다. 그러나 때로는 용서가 필요하고, 또 용서를 구해야 한다는 사실이 힘들게 느껴질 수 있다. 죄가 우리를 옥죄고 있는 것이 너무 한스럽고, 죄가 우리가 하는 모든 일을 오염시키는 것처럼 보여 몹시 절망스러울 수 있다. 그리고 그런 심정을 느끼는 순간, 우리는 다시 오직 예수님의 보혈만이 할 수 있는 일(죄를 정결하게 씻는 것)을 부르짖기 시작한다. 우리는 절박하고, 무기력한 순간에 "주님, 우슬초로 저를 정결하게 하소서. 은혜의 가지를 주님의 아들의 피에 적셔 저를 단번에 깨끗하게 하소서."라고 부르짖는다.

다윗은 "나의 죄를 씻기는"이라는 위대한 옛 찬송가를 직접 부른 적이 없다. 그러나 그는 언젠가 이 찬송가를 듣고, 나단이 자기를 방문한 뒤에 눈물범벅이 되어 드렸던 기도를 떠올릴지도 모른다. 아마도 그는 언젠가 모든 시대의 모든 신자와 함께 이 찬송가를 합창하며 마지막 정결함을 소리 높여 찬양할 것이다.

나의 죄를 씻기는 예수의 피밖에 없네.
다시 정케 하기도 예수의 피밖에 없네.
예수의 흘린 피 날 희게 하오니
귀하고 귀하다 예수의 피밖에 없네.

묵상 포인트

1. 잠시 자신의 삶을 돌아보라. 하나님이 우리를 날마다 죄에서 구원하신다는 사실을 높이 찬양해야 할 필요성을 일깨워주는 일들이 얼마나 많았는지 생각해 보라. 한때 나를 괴롭히고, 속박했지만 지금은 더 이상 그렇지 않은 일들이 있다면 무엇인가?

2. 정결하게 하는 하나님의 은혜가 좀 더 필요하다고 생각되는 부분이 있다면 무엇인가? 지금도 여전히 스스로를 걸려 넘어지게 만들거나 유혹을 느끼게 만드는 것이 나에게 있다면 무엇인가? 기도로 하나님의 도우심을 구하라.

22.

연약한 결심

"하나님이여 내 속에 정한 마음을 창조하시고
내 안에 정직한 영을 새롭게 하소서"(시 51:10).

아름다운 것은 강렬하고,
매혹적이고, 유혹적이다.
그것을 원하고, 탐한다.
연약한 결심.

머뭇거리며 유심히 바라본다.

도덕적인 허물
욕망의 눈빛
이기적인 반항
배신의 행위
연약한 결심.

오래도록 마음에 품어 생각한다.
소유하고 싶은 욕망
악한 소망
숨어 기다리는 원수
지금 마음은 빠르게 질주하고,
싸움이 격렬해지고,
생각은 초조해지고,
육신은 더 약해져
어둠을 향해 끌려간다.
연약한 결심.

그릇된 것이 의롭게 보인다,
그럴듯한 거짓말
왜곡된 핑계
자기기만

잘못된 논리

미혹된 관점

연약한 결심.

결정과 선택

날짜와 장소

구체적인 계획

수락의 말

구두 약속

공유된 기만

기대

뒤덮어버린 흔적들

연약한 결심.

결행된 행동

어두운 밤,

발각될까 봐 두려워

떨리는 손으로

현장에서 도망쳐 나온다.

이야기를 거짓으로 꾸며댄다.

연약한 결심.

아침이 되자
후회가 밀려오고
상상하기조차 힘들다.
발각될까 봐 두려워
사실을 부인하는 법을 연습한다.
욕망은 사그라들 줄 모르고,
순결은 잃었고,
되돌릴 수는 없다.
연약한 결심.

비밀을 감추고,
거짓을 말하며,
연극을 하고,
그럴듯한 변명을 늘어놓는다.
내면에서 싸움이 일어나고,
더 많은 것을 원한다.
연약한 결심.

죄책감에 시달리며,
양심의 가책에 짓눌린다.
더 이상의 미몽은 없다.

진실의 힘이 느껴진다.
연약한 결심.

불의의 흔적
범죄에 대한 후회
용서를 구하는 부르짖음
긍휼을 바라는 간절함
죄책을 인정하고,
동정심을 구한다.
연약한 결심.

쓰디쓴 대가
달콤한 용서
깨끗하게 하는 은혜
받아주심의 기쁨
구원하시는 구원자
사랑의 구속자
오래 참으시는 아버지께서
능력으로 역사하시니
죄의 속박이 깨어진다.
억제하기 어려운 욕망은 더는 존재하지 않고

자유가 주어졌다.
연약한 결심.

그분의 긍휼을 널리 알린다,
예배하고, 섬기며,
기꺼이 복종하고,
유혹을 거부한다.
보호의 발걸음
연약한 결심.

도움을 구하고.
기쁘게 헌신하며,
싸움을 증언하고,
찬양과 감사를 드리며,
오래 인내한다.
기만은 더 이상 없다.
연약한 결심.

묵상 포인트

1. 자신의 삶 속에서 도덕적인 취약성이 나타나고 있는 증거가 있는지 생각해 보라. 하나님이 흉하다고 말씀하시는 것을 아름답다고 말하고 싶은 유혹을 느끼는 일이 있다면 무엇인가? 숨기거나 가리고 싶은 죄의 흔적이 있는가?

2. 정직하게 고백하고, 도움을 구하고, 굳세게 서서 싸우고, 유혹의 소리를 거부하고, 진실을 말하기 위해 하나님의 은혜의 도움이 필요한 일이 있는가?

23.
모두가 교사다

"그리하면 내가 범죄자에게 주의 도를 가르치리니
죄인들이 주께 돌아오리이다"(시 51:13).

하나님이 우리를 교사로 부르셨다는 것을 아는가? 아마도 이 말에 "이봐요. 농담하지 말아요. 나는 신학교에 다녀본 적이 없습니다. 사람들 앞에서 말을 해야 할 때마다 입이 딱 얼어붙는단 말이요. 성경을 잘 알아야 하지만 그렇지가 못해요. 하나님이 나를 교사로 부르셨다고 생각할 수 없어요."라고 말할 사람들이 있을 것이다.

내 말의 의도를 좀 더 자세히 설명하면 이렇다. 하나님이 특정한 사람들을 따로 세워 교회에서 공식적으로 가르치는 사역에 종사하게 하신 것은 사실이다. 그분은 그들에게 자신이 맡기신 일을 하는 데 필요한 재능과 은사를 허락하신다. 그러나 그리스도의 몸 안에서 이루어지는 공식적인 말씀 사역은 교회의 가르치는 사역의 한 측면에 지나지 않는다.

바울은 골로새서 3장 16절에서 "그리스도의 말씀이 너희 속에 풍성히 거하여 모든 지혜로 피차 가르치며 권면하고 시와 찬송과 신령한 노래를 부르며 감사하는 마음으로 하나님을 찬양하고"라고 말했다. 그는 하나님이 자신의 모든 자녀에게 허락하시는 수많은 일상적인 사역의 기회들을 언급하고 있는 것이 틀림없다. 바울에 따르면 우리는 모두 다 교사로 부르심을 받았다. 이것이 무슨 의미인지를 이해하고 싶으면 삶과 사역이 실제로 따로 구분되어 있지 않다는 것을 이해해야 할 필요가 있다. 오히려 성경은 삶의 모든 영역이 사역의 현장이라고 가르친다.

여기에서 다윗의 말이 지니는 의미가 분명해진다. 그는 시편 51편에서 "주의 구원의 즐거움을 내게 회복시켜 주시고 자원하는 심령을 주사 나를 붙드소서 그리하면 내가 범죄자에게 주의 도를 가르치리니 죄인들이 주께 돌아오리이다"라고 말했다. 그의 말은 우리가 매일의 삶을 통해 경험하는 개인적인 사역의 상황에서 다른 사람들을 가르칠 수 있는 자격을 지니는 이유는 우리 자신이 어려웠던 순간에 위로부터 은혜를 받았기 때문이라는 점을 상기시켜 준다. 그런 가르침은 은혜의 신학을 체계적으로 전하는 것과는 아무런 상관이 없다. 우리는 대부분 그렇게 할 능력이 없다. 그것은 단지 하나님이 은혜로 나를 구원하신 이야기가 그분이 다른 사람들의 삶 속에서 사용하기를 원하시는 도구가 될 수 있다는 의미일 뿐이다. 나의 이야기를 기꺼이 들려줌으로써 다른 사람들을 가르치는 것은 내가 그들의 삶 속에서 삶을 변화시키는 은혜를 전하는 도구가 된다는 뜻이다. 우리는 그런 식으로 이루어지는 일대일의 비공식적인 사역을 통해 다른 사람들에게 은혜에 관해 가르치는 것이 아니라 우리가 직접 체험한 은혜를 전할 따름이다. 사람들이 배우게 되는 이유는 은혜의 사전을 펼쳐 들고 자세한 설명을 곁들여서가 아니라 살아 역사하는 은혜를 비디오처럼 생생하게 보여주기 때문이다.

자신이 경험한 은혜의 이야기를 선한 청지기처럼 잘 사용하고 있는가? 하나님과 그분의 은혜를 중심으로 자신의 이야기를 전하는 방법을 생각해 본 적이 있는가? 자신이 경험한 은혜의 이야기를 통해 유익을 얻을 수 있는 사람들을 찾기 위해 함께 살거나 가까이 사는 사람들을 주의 깊게 살펴본 적이 있는가? 마땅히 표현해야 할 감사를 옳게 드러내지 못하고 주저하는 경향이 있는가? 스스로가 구원을 얼마나 절실히 필요로 하는 사람인지를 정직하게 말하기가 어려웠던 적이 있었는가?

우리가 교사로 부르심을 받은 것은 분명한 사실이다. 물론 목회자나 소그룹 지도자나 주일학교 교사나 해외 선교사로 부르심을 받지 않았을 수도 있다. 그러나 우리는 모두 일상의 삶을 통해 복음을 투명하게 드러내라는 부르심을 받았다. 우리는 우리에게 주어진 은혜에 대한 감사의 마음을 우리만큼 그것을 절실히 필요로 하는 사람에게 항상 전할 준비를 하고, 그런 기회를 기다렸다가 기꺼이 전해야 한다.

묵상 포인트

1. 하나님이 주신 기회, 곧 다른 사람들에게 그분의 길을 전할 기회란 무엇을 말하는가?

2. 하나님이 가르치라고 부르셨지만 침묵만 지키고 있지는 않은가? 그렇다면 그 이유는 무엇인가? 혹시 하나님이나 진리에 대한 의심, 사람에 대한 두려움이나 부족하다는 느낌, 바쁘다는 핑계나 그릇된 가치관 때문은 아닌가?

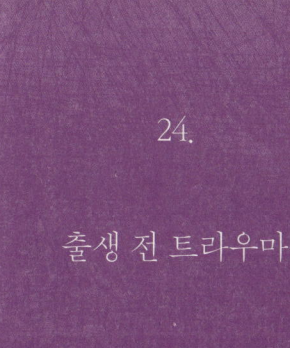

24.

출생 전 트라우마

"어머니가 죄 중에서 나를 잉태하였나이다"(시 51:5).

이 사실을 상기하는 데는 굳이 내 말이 필요하지 않을 수도 있다. 어린 시절보다 덜 순진무구한 때는 없다. 우리는 어린아이들이 아주 어릴 적부터 도덕적 딜레마를 겪고 있는 모습을 목격한다. 아직 말도 하지 못하는 갓난아이가 분노로 몸을 뻣뻣하게 경직시키는 모습을 본 적이 있는가? 흔히 볼 수 있는 일이다.

기저귀를 갈아주는 시간이다. 젖을 먹이고, 기저귀를 갈아준다. 그리고 인류의 문화 속에 알려진 노래란 노래는 모조리 불러준다. 마침내 아이가 잠이 든다. 살금살금 방문을 향해 걸어간다. 막 방문을 빠져나가려는 순간, 귀청을 찢는 듯한 비명이 들려온다. 고개를 돌려보니 아이가 얼굴이 시뻘겋게 상기된 채 온몸을 버팅기며 분노를 표출하고 있다. 대체 무슨 일인지 들여다봐야 한다. 무슨 필요한 것이 있어서 고통스러워하는 것은 아닌 것이 분명하다. 아이가 필요로 하는 것은 이미 모두 보살펴주었다. 그런데 화를 낸다. 아이가 화를 내는 이유는 그 순간에 자기가 해주기를 원하는 것을 해주지 않기 때문이다. 아이의 경직된 몸과 비명은 마치 "엄마, 엄마를 사랑해요. 그리고 엄마의 인생을 위한 놀라운 계획이 있어요. 기대하세요."라고 말하는 것처럼 들린다.

또 다른 예를 하나 들어보자. 다섯 살 된 아이를 데리고 장난감 가게에 간다. 카트에 아이를 태우고, 넓은 통로의 중앙을 따라 내려간다. 그렇게 하는 이유는 아이가 마음에 원하는 것을 마구 집어 드는 것을 방지하기 위해서다. 그렇게 큰 실랑이 없이 가게 안을 여기저기 돌아다니다가 계산대로 향하는 마지막 통로에 도달했다. 그런데 이 통로는 우리의 자녀 양육 방식을 뒤엎으려는 음모라도 꾸미고 있는 것처럼 설계되어 있다. 왜냐하면 아이의 눈높이와 손이 닿는 거리에 맞춰 7천 원에서부터 9천 원에 이르는 각종 장난감이 뽁뽁이 포장지에 싸인 채 진열되어 있기 때문이다. 아이가 말한다. "엄마, 저것 하나만 사주세요."

그러자 엄마는 "얘야, 엄마는 네게 다른 것을 더 사줄 생각이 없다."라고 대답한다.

아이가 말한다. "엄마, 저것은 로봇 캡틴 시리즈야. 나는 저게 하나도 없지만 친구는 모두 다 가지고 있단 말이야. 걔는 심지어 게임기까지 가지고 있어. 저것들을 가지고 놀기 위해 친구의 집에 놀러 가야 하는 아이는 나밖에 없단 말이야."

엄마가 다시 "얘야. 나는 다른 것을 사줄 생각이 없다고 이미 말했다."라고 말한다.

아이는 "엄마, 저것을 사주면 다시는 아무것도 사달라고 하지 않을게."라고 말한다.

엄마는 "안돼. 저 로봇 시리즈를 사달라고 더 조르지 마. 오늘 네게 사줄 것은 퍼즐뿐이야."라고 말한다.

그 순간, 아이는 소리를 지르기 시작한다. 계산대 앞에서 사람들이 뒤에 줄지어 서 있는 상황에서 그런 일을 당하면 몹시 당혹스럽다.

그런 순간을 생각해 보자. 아이는 엄마가 자기에게 필요한 것을 제공하는 것을 원하지 않는다. 아이는 하나님이 자기에게 필요한 것을 제공하는 것도 원하지 않는다. 아이는 스스로 하나님이 되고 싶어 한다. 아이는 자기가 생각하거나 원하기만 하면 모든 것이 다 이루어지기를 원한다. 만일 누군가가 아이를 방해하면 대소동이 벌어진다.

다윗은 "내가 죄악 중에 출생하였음이여 어머니가 죄 중에 나를 잉태하였나이다"라고 말했다. 그는 궁극적인 출생 전 트라우마를 언급했다. 어머니와 아이가 출산할 때 감당해야 하는 물리적인 고통보다 더 심한 출생 전 트라우마가 존재한다. 더 깊고, 더 심각한 트라우마란 또 하나의 죄인을 낳을 수밖에 없다는 처참한 현실이다. 그것은 100퍼센트의 현실이다. 어떤 예방접종도 통하지 않는 출생 전 질병이 존재한다.

그러나 그런 보편적인 출생 전 트라우마는 좀 더 많은 설명이 필요하다. "죄악 중에 출생했다"는 다윗의 말은 갓난아이가 나쁜 짓을 한다는 사실보다 더 중요한 의미를 지닌다. 그의 말은 갓난아이가 나쁜 짓을 하는 이유를 설명한다.

죄인으로 태어난다는 것은 그릇된 행위의 배후에 마음의 질병이 도사리고 있다는 것을 의미한다. 갓난아이의 도덕적인 문제에 있어서 행위는 부차적이다. 갓난아이가 그릇된 행위를 저지르는 이유는 무엇이든 자기 뜻대로 하려고 하기 때문이다. 그들은 자기의 작은 왕국의 왕이나 여왕이 되기를 원한다. 그들은 자기중심적이고 반항적인 성향을 타고 났다. 그들은 각자 자신의 계획이 있고, 다른 사람의 뜻대로 하기를 원하지 않는다. 그것이 어린아이가 기저귀를 갈아주는 시간에 몸을 버팅기고, 장난감 가게의 계산대 앞에서 소리를 지르는 이유다. 그 나쁜 행위들은 둘 다 출생 전 질병 가운데 가장 무서운 질병인 우상 숭배적인 마음에서 비롯한 것이다.

이것이 다윗이 하나님의 은혜를 구한 이유다. 선천적인 우상 숭배의 성향이 우리의 문제라면, 행위를 고치고 감정을 조절하는 것보다 더

한 것이 필요하다. 구체적으로 말해 구원자의 구원이 필요하다. 구원자가 우리의 죄책을 대신 짊어지고, 우리 안에 거해야 한다. 그러면서 태어날 때부터 우리를 감염시킨 질병(죄)이 완전히 치유될 때까지 오래 참으며 은혜를 베풀어주어야 한다. 감사하게도 그런 구원자가 이미 오셨고, 그분의 은혜가 지금 역사하고 있다.

묵상 포인트

1. 태어날 때부터 죄를 짊어지고 세상에 나왔는데 관계나 장소나 상황을 탓하고 싶은가?

2. 온전한 승리를 거둘 때까지 우리를 대신해 죄와 싸우는 구원자 안에서 희망을 발견하는가?

25.

하나님의 쐐기

"주의 구원의 즐거움을 내게 회복시켜 주시고"(시 51:12).

바깥에 있는 도구를 보면 건물을 복구할 것인지 때려 부술 것인지를 알 수 있다. 만일 크레인과 레킹 볼(wrecking ball, 건물을 철거할 때 사용하는 커다란 쇠공—편집자주)이 있다면 건물을 복구하는 것이 아니라 때려 부수기 위한 것이다. 죄에 대해 레킹 볼과 같은 반응을 보인다면, 그것은 회복을 위한 것이 아니다. 시편 51편과 그것을 둘러싼 역사를 살펴보면, 그런 반응과는 전혀 다른 반응이 나타난 것을 알 수 있다.

만일 하나님이 다윗의 죄에 대해 레킹 볼과 같은 반응을 보이셨다면 시편 51편은 존재하지 않았을 것이다. 하나님은 다윗을 단죄할 충분한 이유가 있으셨다. 다윗은 기름 부음을 받은 이스라엘의 왕이었다. 하나님이 이스라엘의 참된 왕인 자기를 대변하게 하기 위해 그를 왕의 자리에 앉히셨다. 그는 보이지 않으시는 왕을 보이게 만드는 역할을 하는 대리자일 뿐이었다. 따라서 다윗이 왕으로서 간음과 살인이라는 무서운 죄를 저질렀다는 사실은 두 배로 징벌을 받아야 마땅한 일이었다. 하나님은 분노하실 이유가 충분했다. 다윗의 가문을 영원히 없애버린다고 해도 조금도 불의하거나 부당한 일이 아니었다.

그러나 하나님은 레킹 볼과 같은 반응을 보이지 않으셨다. 그분은 다윗에 대해 복구에 사용하는 작은 도구와 같은 반응을 보이셨다. 나는 필라델피아에 산다. 필라델피아는 오래된 도시라서 현재 낡은 주택들을 재건하는 작업이 진행 중이다. 복구 중인 웅장한 석조 주택에 잠시 들렀다고 상상해 보자. 목수가 그 웅장한 낡은 저택의 벽에서 왕관 형태로 된 삼중 몰딩 가운데 하나를 제거하는 중이다. 목수는 저택을 과거처럼 아름답게 보이게 만들려는 생각으로 일을 하고 있기 때문에 몰딩을 벽에서 함부로 마구 떼어 내지 않는다. 그는 몰딩의 나무가 마를 대로 말라 부서지기 쉬운 상태라서 쉽게 갈라지거나 깨질 가능성이 크다는 것을 알고 있다. 따라서 그는 작은 복구용 도구들을 사용한다. 그는 가벼운 망치를 손에 들고, 앞치마 주머니에 쐐기를 가득 넣고 일을 한다. 그는 쐐기를 톡톡 두드려 끼워 넣고, 몇 센티미터 아래에 또 다른 쐐기를 끼워 넣는 방식을 취한다. 쐐기들은 몰딩을 벽에서 부드럽게 분리시킨다. 뒤를 돌아보니 다시 벽을 장식하게 될 세 종류의 몰딩을 쌓아놓은 것이 눈에 띈다. 쌓아놓은 몰딩 가운데 어느 하나도 금 간 것이 없는 것을 보니 신기한 생각이 든다.

하나님은 다윗의 죄에 대해 복구자가 작은 쐐기를 박아넣는 것과 같은 반응을 보이셨다. 그분은 선지자가 생생한 표현을 사용해 잘 지어낸 이야기를 작은 쐐기처럼 활용하셨다. 그분은 죄책감의 작은 쐐기를 사용해 다윗의 눈을 열어주고 애통하는 마음을 갖게 하셨고, 용서라는 작은 쐐기를 사용해 그에게 변하지 않는 사랑과 긍휼을 베풀어 주셨으며, 회복이라는 작은 쐐기를 사용해 그를 다시 올바로 회복시켜 주셨다.

그러나 우리가 이해해야 할 필요가 있는 가장 중요한 사실은 하나님이 단지 다윗에게만 그런 식으로 반응하지 않으신다는 것이다. 그분은 우리에게도 그와 똑같이 반응하신다. 하나님이 다윗의 죄에 대해 레킹 볼과 같은 반응을 보이지 않으신 이유는 무엇일까? 그 이유는 다윗과 그의 후손들을 위한 계획이 있으셨기 때문이다. 하나님은 다윗의 가문에서 인류를 대신해 정죄함을 받게 될 메시아가 태어날 것을 알고 계셨다. 예수님은 죄에 대한 레킹 볼과 같은 하나님의 징계를 고스란히 감당하셨다. 그분이 그렇게 하신 이유는 우리가 정죄함을 받지 않고, 온전하고, 궁극적인 회복의 희망을 지닐 수 있게 하기 위해서다.

은혜로우신 하나님은 정죄의 해머가 아닌 회복의 망치로 우리를 두들기신다. 그분은 계속해서 구원의 쐐기들을 박아 넣으신다. 그분은 계속해서 우리를 죄에서 분리해 내시며, 우리를 은혜로 다시 손질해 자신의 성품을 닮을 수 있게 하신다. 우리는 정죄의 레킹 볼에 대한 두려움에서 영원히 벗어났다. 우리가 처음 창조된 목적(하나님을 영화롭게 하는 것)에 부합하는 아름다운 삶을 살 수 있게 하려고 예수님이 우리 대신 정죄를 당하셨다.

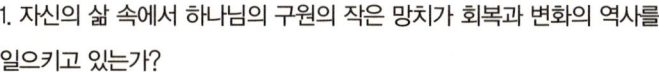

묵상 포인트

1. 자신의 삶 속에서 하나님의 구원의 작은 망치가 회복과 변화의 역사를 일으키고 있는가?

2. 종종 고통스럽지만 원하는 목적을 확실하게 이루고야 마는 하나님의 은혜에 감사하는가?

26.
하나님이 즐거워하실 때

"내게 즐겁고 기쁜 소리를 들려 주시사
주께서 꺾으신 뼈들도 즐거워하게 하소서"(시 51:8).

고백의 고통이 느껴지니
죄의 일시적인 쾌락이
생각나지 않는다.
수치심 때문에
하나님의 얼굴을 볼 수가 없고,
극심한 괴로움 때문에

주님의 음성이 들리지 않는다.
내가 저지른 행위에 대한 기억이
오래도록 남아
내 영혼을 괴롭히고,
내 마음을 아프게 하고,
내 생각을 지배한다.
내가 저지른 행위를
되돌리고 싶다.
나의 생각이 순결하고,
나의 손이 깨끗했던 때로
다시 돌아가고 싶다.
그러나 이미 정욕에 이끌렸고,
행동을 해버렸다.
어두운 쾌락에서 비롯한 결과를
되돌릴 수가 없다.
따라서 내 모습 이대로
주님 앞에 나간다.
불결하고, 수치스러운 마음으로
주님 앞에 엎드린다.
주님의 강렬한 의의 빛이
나의 마음속에 두려움을 불러일으키고,

내가 생각했던 것보다

더 많은 허물을 드러낸다.

달리 갈 곳에 없기 때문에

주님 앞에 엎드린다.

다른 희망이 없기 때문에

주님께 고백한다.

도망칠 곳도 없고,

숨을 곳도 없다.

내가 저지른 일로부터

자유로울 수 없다.

나의 허물을 지워 없앨 수 없다.

따라서 슬픈 마음으로

한 가지를 구한다,

주님의 노래가 듣고 싶다.

주님이 즐거워하시는 모습이 보고 싶다.

나의 귀가 주님의 노래로 은혜로워지고,

내가 주님의 기쁨으로 축복을 받고,

천사들이 즐거워 소리칠 때

내게 가장 큰 선물,

기적 중의 기적,

오직 사랑만이 이룰 수 있고,

오직 사랑만이 줄 수 있는 것,
곧 용서가 주어졌다.

"너의 하나님 여호와가 너의 가운데에 계시니 그는 구원을 베푸실 전능자이시라 그가 너로 말미암아 기쁨을 이기지 못하시며 너를 잠잠히 사랑하시며 너로 말미암아 즐거이 부르며 기뻐하시리라"(습 3:17).
"내가 너희에게 이르노니 이와 같이 죄인 한 사람이 회개하면 하늘에서는 회개할 것이 없는 의인 아흔아홉으로 말미암아 기뻐하는 것보다 더하리라"(눅 15:7).

묵상 포인트

1. 날마다 주어지는 용서의 놀라운 기적을 찬양하고, 기뻐하는가? 하나님이 우리에게 베푸신 것을 경이로워하는 마음을 잃어버린 징후가 삶 속에 나타나고 있지는 않은가?

2. 용서와 능력과 자유를 주는 하나님의 은혜로 인한 기쁨보다 다른 즐거움을 더 좋아하며 추구하고 있지는 않은가?

27.

죄는 관계다

"내가 주께만 범죄하여"(시 51:4).

　죄는 규칙을 어긴 것보다 훨씬 더 큰 의미를 지닌다. 죄는 도덕법을 어긴 것보다 더 심원한 성격을 띤다. 죄는 부적절한 행동이나 그릇된 행위나 잘못된 말보다 훨씬 더 깊은 차원을 지닌다.
　앞서 말한 대로, 말도 할 줄 모르는 갓난아이가 분노로 몸을 뻣뻣하게 경직시키는 모습을 보면 행위규범을 지키지 못한 것보다 더 크고, 더 깊고, 더 충격적인 무엇인가를 다루고 있다는 생각이 들기 마련이다. 갓난아이가 화를 내는 이유는 다른 사람이 자기가 싫어하는 일을 하라고 요구하기 때문이다. 갓난아이가 분노하는 이유는 다른 사람이 자기에게 지시를 하기 때문이다. 갓난아이는 자기의 작은 세계의 왕이자 입법자가 되고 싶어 한다. 갓난아이는 다른 사람의 권위 아래 있기를 싫어하고, 스스로 자신의 규칙(즉 자기가 원하는 것과 느끼는 것과 필요하다고 결정한 것의 형태를 따른 규칙)을 만들기를 원한다. 그를 만족시키는 것은 단 한 가지, 곧 하나님의 자리에 올라서는 것이다. 그러나 그는 그 자리에 절대로 올라설 수 없다. 그는 스스로 권위자가 되기 위해서가 아니라 권위 아래 살기 위해 창조되었다. 따라서 복종하기를 거부하고, 자기 주권을 추구하려는 그의 행위는 헛된 노력에 지나지 않는다.

사람이 짓는 모든 죄의 근저에는 하나님을 섬기기보다 하나님이 되고 싶어 하는 욕망이 도사리고 있다. 죄는 특정한 윤리의 건전성이나 적절성에 대한 철학적 논의와는 아무런 상관이 없다. 죄는 다른 존재의 영광을 위해 권위 아래 사는 삶을 즐거워하지 않는 마음에 근거한다. 죄는 나를 위해 살고자 하는 나 자신의 욕망에서 비롯한다. 죄는 나의 모든 감정을 충족시키고, 나의 모든 욕망을 만족시키고, 나의 모든 필요를 채우려는 성향을 의미한다.

이것이 다윗이 "내가 주께만 범죄하여"라고 말한 이유다. 그는 밧세바를 취한 것이나 이스라엘 백성에 대한 자신의 소명을 어긴 것이나 밧세바의 남편 우리아에게 죄를 저지른 것과 같은 엄청난 중죄를 부인한 것이 아니다. 그가 그렇게 고백한 이유는 모든 죄가 하나님을 거스르는 행위라는 사실을 깨달았기 때문이다. 다윗은 죄가 관계의 행위, 곧 좀 더 정확하게 말하면 우리의 모든 말과 행위의 결정 요인이 되는 관계를 파괴하는 행위라는 사실을 이해했다. 죄는 수평적으로 얼마나 큰 파장을 일으키느냐에 상관없이 궁극적으로는 모두 수직적인 속성을 지닌다. 우리는 하나님을 통해 그분을 위해 살기 위해 창조되었다. 우리가 그분이 정한 한계를 넘어서는 이유는 마땅히 그래야 하는 방식으로 그분을 사랑하지 않기 때문이다.

죄는 관계를 파괴하는 것이기 때문에 죄와 싸울 때는 관계를 회복하는 것만이 우리의 유일한 희망이다. 죄를 물리칠 수 있는 희망이 있는 이유는 우리가 하나님을 사랑하기를 거부하는데도 그분이 우리를 기꺼이 사랑하시기 때문이다. 하나님이 양자의 은혜를 베풀어 우리와 관계를 맺으신 덕분에 우리는 죄를 다스릴 수 있는 능력을 얻는 데 필요한 것을 발견할 수 있다. 우리에게 필요한 것은 무엇일까? 그것은 우리 자신보다 하나님을 더 많이 사랑하는 것이다. 우리를 향한 하나님의 사랑이 곧 우리 안에서 그분을 사랑할 수 있는 능력을 불러일으키는 원천이다.

죄는 관계다. 따라서 죄에서 구원받으려면 관계가 필요하다. 그리스도께서 우리의 반역으로 인해 우리가 마땅히 받아야 할 버림을 대신 받으심으로써 하나님과 관계를 맺을 수 있게 되었다. 오직 그것만이 죄의 이기적인 속성을 극복할 수 있는 유일한 희망이다.

묵상 포인트

1. 자신의 삶 속에서 하나님을 섬기기보다 스스로 하나님이 되려고 하는 경향을 나타내는 징후가 있는지 생각해 보라. 그런 일 가운데서 의도적으로 하나님을 기쁘시게 하려고 노력하면 스스로의 결정과 말과 행위가 어떻게 달라질 것 같은가?

2. 하나님이 정하신 한계를 넘어서려는 유혹을 거부하기 위해 하나님의 은혜가 필요한 일이 있다면 무엇인가?

28.
지성소

"보소서 주께서는 중심이 진실함을 원하시오니"(시 51:6).

나의 가장 깊은 생각이 거하는 지성소에서,
아무도 보지 못하고,
알지 못하는
마음속의 은밀한 장소에서,
예배가 있는 그곳에서
나의 말과 행위가 모두 결정된다.

말로 나타내기 두려운 생각과

말로 표현되지 않은 욕망이 거하는 지성소에서

내가 추구하고,

말하고,

행동하려는 것이 결정된다.

탐욕이 어둠 속에 숨어 있고,

분노가 위험하게 일렁이는 지성소에서,

정욕이 옥죄고,

시기심이 속박하는 어둠 속에서,

내가 할 일을 계획하고,

내가 할 말을 연습하는

마음속의 신성한 장소에서.

사랑이 싹트거나

증오가 일어나거나

복수심이 이글거리는

지성소에서.

생각이 잠시도 그치지 않고,

해석이 관점으로 바뀌는 그곳에서.

감정이 힘 있게 솟구쳐 올라

합리적이고, 선하고, 진실한 것을

억압하는 지성소에서.

그곳에서 나는 하나님 앞에

가릴 것이 아무것도 없이

벌거벗은 채로

아무런 방어책도 없고,

변명할 것도 없고,

달아나 숨을 곳도 없고,

선하다고 내세울 것도 없이

나의 모습 그대로 서 있다.

그곳에서 하나님은

나를 보고, 듣고, 아신다.

주님이 그곳에서

내가 할 수 없는 일을 해 주시고,

주님이 그곳에서

오직 긍휼만이 줄 수 있는 것을 창조하시고,

주님이 그곳에서

내가 받아야 마땅한 것을

되돌리시고,

내 힘으로 얻을 수 없는 것을 주시기를 기도한다.

주님이 내 안에서

정한 마음을 창조하기를 원한다.

묵상 포인트

1. 자신의 마음을 가장 깊고, 가장 크게 사로잡는 것이 있다면 무엇인가?

2. 아무런 경쟁 상대나 방해 요인 없이 홀로 마음속의 지성소에 거하기를 원하시는 하나님의 열정을 찬양하라.

29.
죄를 가리키는 세 가지 용어

"내 죄악을 지워 주소서 나의 죄악을 말갛게 씻으시며 나의 죄를 깨끗이 제하소서"(시 51:1, 2).

성경은 죄의 두려운 현실을 묘사할 때 조금도 사정을 두지 않는다. 창세기 6장 5절은 "여호와께서 사람의 죄악이 세상에 가득함과 그의 마음으로 생각하는 모든 계획이 항상 악할 뿐임을 보시고"라고 말씀한다. 마음으로 생각하는 모든 계획이 항상 악하다. 죄가 우리가 하는 모든 일에 영향을 미친다는 사실을 이보다 더 강력하게 묘사한 말이 어디에 또 있겠는가?

바울도 모든 사람의 죄성을 논하면서 "다 치우쳐 함께 무익하게 되고 선을 행하는 자는 없나니 하나도 없도다"(롬 3:21)라고 결론지었다.

성경은 죄의 영적인 역동성을 매우 분명하게 묘사한다. 누가복음 6장 34, 35절과 마가복음 7장 20-23절과 같은 성경 본문은 죄가 행위의 문제이기 이전에 마음의 문제라고 가르친다. 아울러 로마서 1장 25절은 죄의 본질이 우상 숭배라는 것을 일깨워준다. 마음의 통치자를 하나님 외에 다른 것으로 대체할 때 그분이 아닌 우리 자신을 기쁘게 하는 일을 하게 된다.

시편 51편도 죄를 정의하는 성경 본문 가운데 하나다. 다윗은 죄와 우리의 싸움을 정의하기 위해 세 가지 용어를 사용했다. 그가 사용한 첫 번째 용어는 "위반(transgression)"이다. 위반이란 한계가 정해진 것을 알면서 의도적으로 그것을 어기는 것을 의미한다. 주차 금지 지역인 줄 알면서도 자동차를 주차하는 것이 위반에 해당한다. 왜냐하면 그곳에 자동차를 주차해서는 안 된다는 것을 알면서도 개인적인 편리를 위해 그렇게 했기 때문이다. 죄도 그런 경우가 많다. 하나님이 우리가 하려고 하는 행위를 금지하셨다는 것을 알면서도 개인적인 성공이나 위로나 쾌락을 위해 하나님이 정하신 한계를 넘어서서 우리가 원하는 것을 하는 것이 곧 죄다. 그런 위반 행위는 하나님의 권위를 거역하는 것일 뿐 아니라 우리 자신이 하나님이 허락하신 법률 체계보다 더 나은 체계와 더 큰 권위를 지니고 있다는 생각을 반영한다. 우리는 개인적인 욕구나 감정이나 필요의 법칙에 따라 의도적으로 하나님의 정하신 한계를 넘어서서 우리가 원하는 일을 하려는 성향을 지니고 있다.

그러나 우리가 짓는 죄가 모두 의식적이고, 의도적인 범죄에 해당하는 것은 아니다. 따라서 다윗은 "부정(iniquity)"이라는 두 번째 용어를 사용했다. 부정은 도덕적인 불결함을 뜻한다. 이 용어는 죄가 우리에게 미치는 영향이 광범위하다는 것을 보여준다. 죄는 우리가 바라고, 생각하고, 말하고, 행하는 모든 것을 도덕적으로 오염시킨다. 세상에 죄가 들어온 이후로는 도덕적으로 깨끗한 상태로 태어난 사람은 아무도 없다. 우리는 모두 불결한 상태로 세상에 태어났고, 우리 스스로는 우리 자신을 깨끗하게 하기가 불가능하다. 부정은 하얀 양말이 가득한 빨래통에 무심코 빨간 양말을 집어넣는 것과 같다. 그러면 하얀 양말들에 빨간 물이 들어 어느 것 하나도 온전히 하얀 상태를 유지할 수가 없다. 죄도 그처럼 광범위한 영향을 미친다. 죄는 우리가 하는 모든 일에 영향을 준다.

다윗은 또 다른 용어 하나를 사용해 죄가 초래한 폐해의 또 다른 측면을 묘사했다. 그것은 죄(sin)라는 용어다. 죄는 기준에 미치지 못한다는 의미를 지닌다. 가장 좋은 의도와 가장 큰 노력을 기울여도 기준에 미칠 수 없다. 하나님이 정하신 기준에 도달하기는 불가능하다. 죄는 하나님의 율법을 지킬 수 있는 능력을 앗아갔다. 따라서 우리는 무슨 일을 해도 기준에 미칠 수가 없다. 생각도, 감정도, 결혼 관계나 가정생활도, 의사소통도, 직업 활동도, 친구 관계도 기준에 미치지 못한다. 우리는 하나님의 요구 조건을 충족시킬 능력이 없다.

이 세 가지 용어는 모든 사람의 내면에서 일어나는 싸움의 본질을 강력하고, 명확하게 묘사한다. 때때로 나는 하나님이 요구하시는 것을 정확하게 이행할 수가 없다. 사실 나는 그분의 요구에 따를 생각조차 없다. 왜냐하면 내가 하고 싶은 것만을 원하기 때문이다. 따라서 우리는 하나님이 지혜롭게 설정하신 한계를 넘어선다. 때때로 나는 그동안 내가 상당히 잘해 왔다고 생각하며 지난 일들을 돌아보지만 결국에는 나의 말과 행동이 죄의 영향에서 벗어나지 못했다는 사실을 또다시 깨닫곤 한다. 나는 나의 약점과 무능력함을 거듭 확인한다. 심지어 가장 좋은 의도로 한 일조차도 하나님의 기준에 미치지 못했다는 것을 깨닫는다.

이런 죄의 속성들 때문에 우리는 거룩하신 삼위일체 하나님 안에서만 발견할 수 있는 은혜를 구하지 않을 수 없다. 죄인인 우리에게는 우리를 그런 비참한 상태에 방치하는 것을 기뻐하지 않고, 주권적인 능력으로 우리를 우리 자신에게서 구원해 줄 계획을 세우신 성부 하나님이 필요하다. 죄인인 우리에게는 우리가 용서받을 수 있도록 기꺼이 우리의 형벌을 대신 짊어지신 성자 하나님이 필요하다. 죄인인 우리에게는 우리 안에 거하며 우리가 할 수 없는 일을 할 수 있도록 능력 주시는 성령 하나님이 필요하다.

우리는 이 세 가지 죄의 속성에 비참하게 유린당하도록 방치되지 않았다. 왜냐하면 성삼위 하나님이 우리를 구원하셨기 때문이다. 주권자이신 성부여, 구원의 계획을 세워주셔서 감사합니다. 희생하신 성자여, 우리 대신 형벌을 감당하셔서 감사합니다. 거룩한 성령이여, 능력으로 임하시니 감사합니다. 우리는 성삼위 하나님 안에서 진정한 도움과 희망을 발견한다.

묵상 포인트

1. 죄를 뜻하는 세 가지 용어(위반, 부정, 죄)가 날마다 마음속에서 옳고 그른 것을 둘러싸고 벌어지는 싸움을 이해하는 데 어떤 도움을 준다고 생각하는가?

2. 스스로의 힘으로 죄를 물리칠 수 없다는 사실을 다시금 깊이 생각하고, 죄를 이길 수 있는 힘이 그리스도의 은혜의 선물로 우리에게 주어진 것을 높이 찬양하라.

30.
예수님을 열망하는 기도

"하나님이여 나의 구원의 하나님이여
피 흘린 죄에서 나를 건지소서"(시 51:14).

미래에 대한 가장 극적이고, 가장 뛰어난 암시가 아닐 수 없다. 더할 나위 없이 뚜렷한 예표다. 모든 문장이 장차 이루어질 일의 필연성을 극적으로 암시하고 있다. 미래가 없이는 현재가 아무런 의미가 없다는 것을 매우 분명하게 보여주는 대표적인 사례다. 성경을 조금이라도 안다면 그런 느낌 없이 시편 51편을 읽을 수 없을 것이다. 시편 51편을 미래와 관련지어 생각하지 않으면 그 모든 부르짖음은 단지 절박

한 처지에 놓인 한 인간의 고통스러운 심령에서 터져 나오는 공허한 외침에 지나지 않을 것이다. 현재의 상황에서 다윗이 갖는 희망은 미래의 사건과 밀접하게 관련되어 있다. 미래가 없으면 희망도 없다. 구원의 이야기 속으로 들어온 것을 환영한다.

다윗의 죄, 나단의 책망, 그로 인한 회개와 고백은 이 웅장한 구원의 이야기에 속한 작은 에피소드에 해당한다. 용서를 구하는 다윗의 기도는 단지 기꺼이 용서를 베푸실 하나님을 구하는 기도 이상의 의미를 지닌다. 다윗의 간구는 용서의 실질적인 수단을 구하는 데 그 초점이 있다. 이렇게 말하면 "그런 수단이 이미 있었소. 하나님이 죄를 속량하는 희생 제도를 마련해 주셨소."라고 말할는지 모른다. 그러나 희생 제도만으로는 충분하지 않았다. 그것은 매일 반복해서 희생 제물을 드려야 하는 문제를 안고 있었다. 제사를 반복해야 할 이유는 소와 염소의 피로는 죄를 속량할 수가 없었기 때문이다. 희생 제도 자체가 하나님의 거룩한 정의와 분노를 온전히 충족시켜 더 이상의 희생 제물이 필요하지 않게 만들어줄 궁극적인 희생 제사를 암시하는 예표였다.

다윗은 그런 사실을 온전히 이해하지는 못했지만 시편 51편에 기록된 그의 부르짖음은 어린 양이신 예수 그리스도를 구하는 의미를 지녔다. 이것이 이 시편의 드라마다. 다윗은 죄의 권세와 그 광범위한 영향력을 절감하고, 온전하고, 완전한 용서는 물론 구원(곧 약속된 메시아가 장차 갈보리 언덕에서 흘리게 될 피 안에서만 발견될 수 있는 구원)을 갈망했다. 시편 51편은 열망의 노래다. 시편 51편은 예수님을 열망한다.

　죄악을 씻어 주고, 정한 마음을 창조하기에 충분한 큰 긍휼과 변함없는 사랑과 은혜를 구하는 다윗의 기도는 "사물"이 아닌 "인격체"를 구하는 기도였다. 예수님이 곧 다윗이 구했던 은혜였고, 그가 바랐던 변함없는 사랑이었으며, 그가 갈망했던 긍휼이었다. 다윗이 자신 있게 기도할 수 있었던 이유는 이미 결정이 내려졌기 때문이었다. 이야기의 종말이 이미 주권자이신 하나님에 의해 정해졌다. 예수님은 정확하게 정해진 때에 맞춰 세상에 올 예정이셨다. 그분의 삶은 깊은 고통 속에서 "다 이루었다"라고 외치며, 아버지여, 저를 보내 하라고 하신 일을 모두 이루었나이다. 저를 마지막 희생 제물로 바치옵니다. 이제 구속이 온전히 이루어졌나이다."라고 말씀하실 순간을 향해 나아갈 것이었다.

　우리의 죄를 고백할 때마다 우리는 예수님을 갈망한다. 그러나 우리는 마지막 희생 제사를 갈망하지는 않는다. 왜냐하면 그것이 이미 이루어졌기 때문이다. 우리는 마지막 구원을 갈망한다. 우리는 죄가 더 이상 존재하지 않을 순간을 열망한다. 우리는 예수님을 직접 대하고, 그분과 함께 거하고, 그분처럼 될 날을 고대한다. 마지막 구원도 이야기 속에 이미 기록되어 있다는 것을 알면 참으로 큰 위로가 되지 않겠는가? 우리의 미래는 보장되었다. 우리는 희망으로 그때를 기다린다.

묵상 포인트

1. 기대감을 안고 살고 있는가? 우리의 싸움이 모두 끝날 날이 올 것이라고 굳게 믿으며 희망을 품고 살아가고 있는가?

2. 절망이나 낙심이나 냉소나 실망에 사로잡혀 살아가고 있는 징후가 조금이라도 나타나고 있는가? 자신의 고민을 솔직하게 고백하고, 다시금 구원자이신 주 예수 그리스도의 미쁘신 약속을 믿고, 의지할 수 있는 시간을 가져라.

31. "이미"와 "아직 아니"

"주의 얼굴을 내 죄에서 돌이키시고
내 모든 죄악을 지워주소서"(시 51:9).

시편 51편은 "이미"와 "아직 아니" 사이에 위치한다. 이 사실에 관심을 기울여야 할 이유는 무엇일까? 그 이유는 우리도 정확히 그 위치에 서 있기 때문이다.

우리는 하나님의 위대한 구원의 역사의 중간, 곧 "이미"와 "아직 아니" 사이에서 살고 있다. 옳게 잘 살려면 우리가 살고 있는 시기를 이해해야 할 필요가 있다.

우리는 위대한 구원의 역사 안에서 살고 있다. 다윗이 부르짖은 "인자"와 "은혜"와 "긍휼"은 이미 그리스도 안에서 우리에게 주어졌다. 다윗의 기도가 기대했던 궁극적인 용서의 희생은 예수님이 우리를 위해 십자가에서 흘리신 피를 통해 이미 이루어졌다. 하나님은 메시아가 정해진 시간에, 정해진 장소에 정확하게 나타나 우리가 간절히 원하지만 우리 스스로는 얻을 수 없는 것, 곧 속죄를 이루게 하기 위해 자연의 힘을 다스리고, 역사의 사건들을 섭리하셨다.

다윗이 간구했던 성령도 이미 우리에게 주어졌다. 우리의 이성으로는 이해하기 어렵지만 성령께서는 실제로 우리 안에 거하시며 날마다 우리를 가르치고, 책망하고, 바르게 하고, 능력을 주는 사역을 하고 계신다.

지혜와 은혜와 경고의 말씀이 기록된 하나님의 책, 곧 성경도 이미 주어졌다. 죄인들에게 하나님의 길을 가르치겠다는 다윗의 말은 하나님의 궁극적인 가르침의 도구인 성경을 기대하는 것이었다. 우리는 날마다 성경을 손에 들고 살고 있으며, 그것을 통해 우리가 다른 곳에서 발견할 수 없는 놀라운 지혜를 깨우치고 있다.

그러나 우리는 이미 주어진 것들을 온전히 누리는 가운데 아직 주어지지 않은 것을 기억해야 할 필요가 있다. 이 세상은 여전히 심각하게 부패한 상태다. 아직 창조된 본래의 모습대로 회복되지 않았다. 우리는 타락한 세상과 접촉하지 않고는 단 하루도 살아갈 수 없다.

우리 모두에게 해악을 끼친 죄가 아직 온전하고, 완전하게 제거되지 않았다. 우리 안에 여전히 남아 있는 죄가 우리가 바라고, 생각하고, 행하고, 말하는 모든 것에 계속해서 영향을 미치고 있다. 심지어는 가장 좋은 의도를 지닌 순간에도 죄는 우리의 감정을 오염시키고, 우리의 생각을 지배하고, 우리의 행위를 왜곡시킨다.

선하고, 옳고, 진실한 모든 것의 원수인 마귀도 아직 온전히 정복되지 않았다. 그는 여전히 속이는 눈과 파괴적인 손과 교활한 마음을 가지고 숨어서 기회를 노린다.

하지만 우리는 기쁨과 기대 속에서 살아간다. 우리는 이미 주어진 놀라운 은혜의 선물을 기뻐하면서 위대한 구원의 이야기가 종결되어 우리가 겪는 모든 고통이 끝날 날을 기대한다. 우리는 중간 단계를 거치고 있다. 우리는 처음과 마지막 사이에 위치한 세상에서 온갖 시련을 겪으며 살고 있다.

그러나 실망하거나 두려워할 필요는 없다. 왜냐하면 모든 고통이 끝날 것이라는 사실이 이미 기록되어 있기 때문이다. 따라서 우리는 아직 이루어지지 않은 일들이 언젠가는 반드시 이루어질 것을 알고 안심할 수 있다.

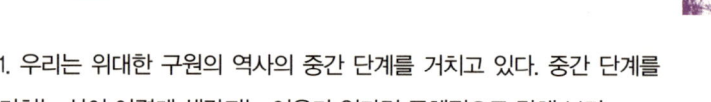

묵상 포인트

1. 우리는 위대한 구원의 역사의 중간 단계를 거치고 있다. 중간 단계를 거치는 삶이 어렵게 생각되는 이유가 있다면 구체적으로 말해 보라.

2. 타락한 세상의 시련과 고통과 유혹에 직면했을 때 어떤 부분에서 하나님과 다른 사람들의 도움을 구해야 할 필요성을 느끼는가?

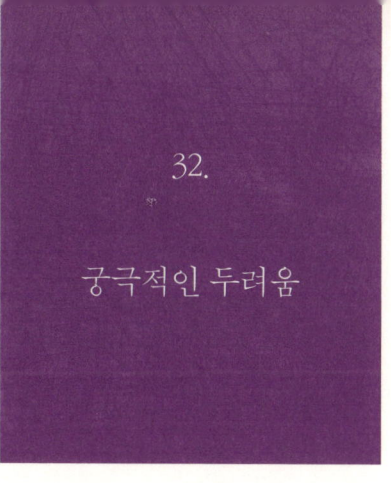

32.
궁극적인 두려움

"나를 주 앞에서 쫓아내지 마시며
주의 성령을 내게서 거두지 마소서"(시 51:11).

무엇이 가장 두려운가? 가장 큰 두려움은 무엇인가? 절대로 필요하다고 생각하는 것이 무엇인가? 무엇을 가장 큰 불행으로 여기는가? 나는 시편 51편을 다시 읽으면서, 나의 궁극적인 두려움에 관해 생각해 보았다. 다윗은 "나를 주 앞에서 쫓아내지 마시며 주의 성령을 내게서 거두지 마소서"라고 기도했다. 이것이 모든 것 중에서 가장 큰 두려움이 되어야 마땅하다. 그러나 진정으로 그러한가?

그녀는 모든 것을 가졌다. 아마도 그것이 그녀가 그토록 두려워했던 이유일 것이다. 그녀는 자신이 꿈꾸었던 것보다 더 크고, 멋진 집에서 살았고, 자신이 상상했던 것보다 더 좋은 옷과 물건들을 소유했으며, 큰 성공을 거둔 남편과 아름다운 세 자녀를 곁에 두었다. 그들은 멋진 가족 여행을 즐겼다. 그녀는 봄과 여름이면 대개 산 위에 지은 집의 테라스에 앉아 그 아래로 죽 펼쳐진 계곡을 내려다보면서 아침 식사를 했다. 그러나 그녀는 아침마다 그곳에 앉아 온갖 것을 걱정했다. 그녀는 "내 결혼 생활이 생각하는 것만큼 견고하지 않으면 어떡하지?"라고 결혼 생활을 걱정했고, "남편의 직업이 그가 말한 것만큼 안정성이 없으면 어떡하지?"라고 재정 문제를 걱정했으며, "자녀들이 내가 생각하는 것만큼 잘 해주지 않으면 어떡하지?"라고 자녀들에 대해 걱정했고, 자기와 남편의 건강을 걱정했다. 그녀는 심지어 자연재해가 일어나 집이 파괴되거나 경제적인 불행이 닥쳐 가정 살림이 거덜 날지도 모른다고 걱정했다.

매우 심각한 일이 그녀에게 일어났지만 그녀는 그것을 의식조차 하지 못했다. 그녀가 그토록 감사했던 것들, 곧 그녀가 자기의 분수에 넘친다고 생각했던 것들이 없으면 도저히 살 수 없다고 생각하는 것들로 바뀌고 말았다. 한때는 감사함으로 받아들였던 것들이 걱정과 염려의 주된 원인으로 변했고, 한때는 그녀의 삶에 큰 영향을 미치지 않는 것처럼 보였던 것들이 그녀의 삶을 규정하는 것들로 바뀌었다. 그 결과, 그녀는 매일 은근한 두려움을 느끼며 살았다.

그러나 변한 것은 다른 것이었다. 본래 그녀의 삶을 규정했던 것이 더 이상 그런 기능을 하지 못하게 된 것이다. 한때는 그녀의 삶과 관련된 모든 것이 하나님과 그녀와의 관계를 통해 규정되고, 평가되었다. 전에만 해도 그녀는 하나님의 은혜를 놀라워하며 감사함으로 받아들였고, 자신의 죄를 의식하고 자기에게 주어진 용서의 은혜에 깊이 감사했으며, 하나님께 인정받은 것을 결코 스스로 얻을 수 있거나 받아 누릴 자격이 없는 감격스러운 특권으로 생생하게 인식하고 있었다. 그때만 해도 그녀는 하나님이 자기를 가족으로 받아주지 않고, 임재의 은혜를 베푸시지 않으셨다면 자기가 어떻게 되었을지를 궁금해 하는 마음으로 하루하루를 새롭게 맞이하곤 했다.

그러나 지금은 그런 생각들이 더 이상 중심을 차지하지 못했다. 그녀는 자신을 은혜의 구원이 필요한 죄인으로 생각하지도 않았고, 삶의 의미와 목적과 행복감을 하나님에게서 찾으려고 하지도 않았다. 그녀는 하나님의 집에서 쫓겨나는 것보다 자신의 저택을 잃을까 봐 더 염려했고, 하나님이 성령을 거두시는 것보다 자기의 남편을 잃게 될까 봐 더 염려했다. 전에는 "주님이 없었으면 내가 지금 어떻게 되었을까?"라는 건전한 물음을 진정으로 생각했지만, 지금은 "나의 물질적인 삶의 목록 가운데서 어떤 한가지 것이라도 잃게 되면 어떻게 살 수 있을까?"라는 물음을 생각하기에 이르렀다.

그러나 나는 다윗이나 나의 친구에 관해 오래 생각하지 않았다. 왜냐하면 생각이 곧 나 자신에게 미쳤기 때문이다. 내가 이 세상에서 가장 감사하게 생각하는 것은 무엇일까? 나는 무엇을 잃는 것을 가장 두려워할까? 나의 삶에서 내게 의미와 목적과 내적 평안을 주는 것은 무엇일까?

묵상 포인트

1. 마음속으로 가장 두려워하는 것이 무엇인가?

2. 사는 데 절대적으로 필요하다고 생각하는 것은 무엇인가? 하나님으로 만족하고, 그분이 허락하신 것을 족하게 여길 수 있는 마음을 갖게 해달라고 기도하라.

33. 예루살렘 성을 쌓으소서

"주의 은택으로 시온에 선을 행하시고
예루살렘 성을 쌓으소서"(시 51:18).

참된 회개는 항상 이런 식의 열매를 맺는다. 그 열매의 내용이 "주의 은택으로 시온에 선을 행하시고 예루살렘 성을 쌓으소서"라는 말씀에 잘 드러나 있다. 마음이 죄에서 돌아서면 자연히 하나님이 원하시는 것과 다른 사람들이 필요로 하는 것에 관심이 기울여지기 마련이다. 회개는 나의 왕국의 목적을 이루려는 자기중심적인 태도를 버리고 하나님의 초월적인 목적을 지향하게끔 만든다. 하나님의 목적은 무엇일까? 그분은 다른 무엇보다 자기를 더 사랑하고, 이웃을 우리의 몸과 같이 사랑하기를 원하신다. 그렇다면 이것이 "예루살렘 성을 쌓으소서"라는 기도와 무슨 관계가 있을까? 한 마디로 대답하면 아주 밀접한 관계가 있다.

다윗의 죄는 단지 눈과 육체로 지은 죄가 아니었다. 그의 죄는 마음의 악한 생각과 욕망에서 비롯했다. 그는 밧세바에 대해 생각해서는 안 될 일을 생각했고, 타인에게 속한 것을 탐했다. 더욱이 그는 계획해서는 안 될 일을 계획했다. 그는 마음이 이미 정욕에 완전히 사로잡혔기 때문에 서슴없이 간음과 살인을 저질렀다.

죄의 싸움은 우선적으로 육체의 싸움이 아니다. 죄의 싸움이 벌어지는 전쟁터는 마음이다. 일상생활의 모든 관계와 상황 속에서 생각과 욕망의 싸움이 벌어진다. 성령의 소욕과 육신의 소욕이 서로 다툰다. 그릇된 행위만 중단하면 참 회개가 이루어질까? 그렇지 않다. 참 회개는 마음에서부터 시작한다. 진정으로 회개하려면 나의 부패한 본성을 인정하고, 나의 문제가 단지 그릇된 행위를 하는 것이 아니라 하나님이 원하시는 것이 아닌 내가 원하는 것을 하는 데 있다는 것을 솔직하게 고백해야 한다. 그렇다면 이것이 예루살렘 성을 쌓는 것과 무슨 관계가 있을까?

죄의 싸움은 마음의 문제다. 그것은 마음의 싸움이기 때문에 죄는 무엇이든 모두 하나님을 거스르는 것이다. 죄는 창조주보다 피조물을 더 높게 경배하는 데서 비롯한다. 죄는 하나님보다 나 자신을 더 사랑하는 것을 의미한다. 죄는 하나님 나라의 위대한 목적 안에서 기쁨을 발견하기보다 나의 왕국을 건설해 스스로 주권자가 되려는 욕망이자 하나님을 잊고 마치 내가 우주의 중심인 것처럼 살아가는 태도를 뜻한다. 죄를 짓는 순간, 나는 하나님의 거룩한 뜻을 저버리고, 나의 사악한 욕망을 좇는다.

더욱이 나는 하나님의 뜻을 나의 뜻으로 대체했기 때문에 하나님은 물론, 이웃도 사랑할 수가 없게 된다. 다윗은 밧세바를 사랑한 것이 아니라 그녀를 소유하기를 원했다. 그가 그녀를 사랑하지 않았다는 사실은 그녀의 남편을 살해한 사실을 통해 분명하게 드러난다. 죄는 자기중심적이고, 이기적이기 때문에 이웃을 마땅히 사랑해야 하는데도 그렇게 할 수가 없다. 만일 우리가 크고 둘째 되는 계명을 지키기를 원한다면 크고 첫째 되는 계명을 먼저 지켜야 한다. 다른 모든 것보다 하나님을 더 사랑해야만 자유롭게 내 이웃을 나 자신 같이 사랑할 수 있다. 그렇다면 이것은 또 예루살렘 성을 쌓는 것과 무슨 관계가 있을까? 매우 밀접한 관계가 있다. 이 점을 좀 더 설명하면 다음과 같다.

죄를 고백하고, 용서를 받게 된 다윗의 마음은 다시 하나님과 이웃에게로 향했다. 예루살렘은 이스라엘의 영적, 민족적 삶의 중심지였다. 그곳은 솔로몬의 성전이 건축될 하나님의 도성이었다. 시온(예루살렘)이 번영한다는 것은 곧 하나님의 축복이 그분의 백성에게 임하는 것을 의미했다.

이 기도에서 알 수 있는 대로, 다윗은 더 이상 자기 자신을 생각하지 않았다. 그는 하나님의 풍성한 은혜가 주위에 있는 모든 사람의 삶에 임하기를 기도했다.

그러나 이것이 전부가 아니다. 성 쌓기를 구하는 그의 기도는 곧 예루살렘 성전의 건축을 구하는 기도였다. 그렇게 확신할 수 있는 이유는 그가 "그 때에 주께서…온전한 번제를 기뻐하시리니"(19절)라고 기도했기 때문이다.

다윗의 마음은 그 자신의 목적에 지배되지 않고, 하나님 나라의 목적을 지향했다. 그는 하나님이 마땅히 받으셔야 할 예배와 그분의 이름에 합당한 영광을 받으시기를 간구했다. 다윗의 눈은 더 이상 그가 원하는 여성에게로 향하지 않았다. 그는 수많은 순례자들이 시온에 와서 마음의 찬양을 받기에 합당하신 하나님을 예배하는 광경을 미리 내다보았다.

이것이 진정한 인격적인 변화다. 한때 어둡고, 악한 정욕에 사로잡혔던 사람이 이제는 다른 사람들을 사랑하며, 하나님의 영광을 깊이 갈망하게 되었다. 오직 은혜만이 그런 근본적인 변화를 일으킬 수 있다.

묵상 포인트

1. 스스로가 원하는 것을 바라는 마음을 하나님이 원하시는 것을 바라는 마음으로 대체해야 할 필요가 있는 것이 있다면 무엇인가?

2. 하나님이 가정과 동네와 지역 사회와 교회와 세상 안에서 자신이 행하시는 사역에 참여할 기회를 제공하고 계시는가? 그런 하나님의 부르심에 어떻게 반응하고 있는가?

34.

만족

"다윗의 시, …다윗이 밧세바와 동침한 후"(시편 51편 표제).

세상에 사는 한, 만족이란 결코 쉽게 해결되는 문제가 아니다. 우리는 충분하다고 생각할 때가 좀처럼 없다. 우리는 만족하지 못하고 항상 실수를 저지른다. 만족은 가장 큰 괴로움을 야기하는 문제 가운데 하나다. 진정한 만족에 도달하기는 너무나도 어렵다. 만족에 대한 정의는 저마다 다를 테지만, 만족과의 싸움은 갈수록 커지는 경향이 있기 때문에 우리는 절대로 만족할 수 없는 것처럼 보인다.

시편 51편 가운데서 우리를 실망시키는 것도 바로 이것이다. 어떻게 다윗에게 주어진 것이 충분하지 않을 수가 있단 말인가? 그는 믿음의 가정에서 태어났고, 이스라엘의 왕으로 선택되어 위대한 선지자 사무엘에게 기름 부음을 받았으며, 주 예수 그리스도의 조상으로 구별되었다. 그것으로 충분하지 않았던 것인가?

다윗을 통해 약속된 메시아가 와서 세상을 구원할 예정이었다. 다윗의 기름 부음은 유다라는 작은 왕국의 왕이라는 지위보다 훨씬 더 큰 의미를 지녔다. 그로 인한 축복은 하나님이 특정한 시대에 특정한 장소에 국한된 지위를 허락한 축복보다 훨씬 더 큰 것이었다. 그렇다. 다윗의 통치는 훨씬 더 위대한 왕국, 곧 하나님의 나라를 상징했다. 그의 통치는 특정한 시대와 장소를 뛰어넘는 것이었다. 하나님은 기름 부음을 통해 다윗을, 시간을 초월해 영원과 연결하셨다. 그 이유는 다윗의 주님이 곧 역사의 희망이자 영원한 왕이요 하나님의 백성 이스라엘이 언젠가 함께 거하게 될 분이시기 때문이다.

그런데 왜 그 모든 것이 다윗에게는 충분하지 않았을까? 그 이유는 하나님의 나라가 다윗 자신의 왕국으로 변질되었기 때문이다. 하나님의 뜻에 따라 형성되고, 이끌려야 할 것이 다윗의 욕망에 지배되었다. 영적 비전에 따라 움직여야 할 것이 육신의 안목과 성적 욕망에 가로막히고 말았다. 생명을 가져다줄 하나님의 계획이 정욕과 죽음에 오염된 인간의 계획으로 전락했다. 다윗은 하나님의 나라와 자아의 왕국 사이에서 벌어진 싸움에서 패배했기 때문에 더 이상 하나님이 자기에게 허락하신 것에 만족하지 못했다.

그러나 다윗을 너무 심하게 비난하지 말자. 그의 딜레마가 곧 우리의 딜레마다. 우리는 교통 상황이 마음에 들지 않는다고 화를 내고, 사람들에게 짜증을 내며, 폭식을 일삼고, 하나님이 정하신 한계를 넘어설 수 있다고 착각하며, 권력과 소유와 사람들에게 집착한다. 그 이유는 우리가 만족하지 못하기 때문이다. 하나님이 그리스도 예수 안에서 놀라운 은혜의 선물을 베푸셨는데도 우리는 그것으로 충분하지 않다고 생각한다. 그리스도로 인해 만족하면 하나님의 뜻 안에서 기쁘게 살아갈 수 있지만 만족하지 못하면 온갖 종류의 유혹에 쉽게 걸려들 수 있다. 만족을 둘러싸고 우리 안에서 날마다 싸움이 벌어진다.

장차 온전히 만족하게 될 날이 올 것이다. 하나님이 우리에게 허락하신 것이 충분하게 느껴질 때가 올 것이다. 우리가 주님의 임재와 영광에 만족함으로써 더 많은 것을 원하는 욕망으로부터 온전히 벗어날 순간이 올 것이다.

하루하루가 만족을 향한 길이 되기를 기도한다. 날마다 주님으로 인해 더욱더 충만하고, 만족스러운 경험을 할 수 있기를 기도한다. 옛 찬송가의 가사대로 "주님의 영광과 은혜의 빛 가운데서 땅의 것들이 희미해지기를"[헬렌 렘멜이 1918년에 작사, 작곡한 찬송가, 제목은 "눈을 주님께 돌려"(Turn your eyes upon Jesus)-역자주] 기도한다. 모두 진실한 마음으로 "주님으로 충분하다."라고 기뻐 말할 수 있기를 간절히 바란다.

묵상 포인트

1. 무슨 일이든 항상 하나님만으로 충분하다고 생각하며 사는가?

2. 자주 만족과 불만족의 갈등을 느끼는 문제가 있다면 무엇인가?

35.
나와 무슨 상관이 있는가

"하나님이여 내 속에 정한 마음을 창조하시고
내 안에 정직한 영을 새롭게 하소서"(시 51:10).

이 가난한 아이가 나와 무슨 상관이 있는가? 분주한 도시에 집 없이 태어난 이 아이가 나와 무슨 상관이 있는가? 천사들이 전하는 희망을 찾는 이 목자들이 나와 무슨 상관이 있는가? 새로 나무를 깎아내고 남은 대팻밥 사이를 서성거리는 이 작은 소년이 나와 무슨 상관이 있는가? 먼지가 풀풀 이는 중동 지역의 마을들을 돌아다니느라 더러워진 이 발이 나와 무슨 상관이 있는가?

특별할 것도 없는 이 유랑자가 나와 무슨 상관이 있는가? 서로 어울리지 않은 한 무리의 사람들과 함께 돌아다니는 이 여행자가 나와 무슨 상관이 있는가? 이 이상한 말들과 신비한 이야기들이 나와 무슨 상관이 있는가?

상심한 무리들 틈에서 병자들을 치유하는 이 사람이 나와 무슨 상관이 있는가? 질투심에 사로잡혀 악한 음모를 꾸미는 이 지도자들이 나와 무슨 상관이 있는가? 미래에 대한 이 불확실하고, 혼란스러운 예언들이 나와 무슨 상관이 있는가? 어린 소년의 도시락으로 굶주린 군중을 먹인 것이 나와 무슨 상관이 있는가? 자기들을 스스럼없이 맞아주는 것에 감격한 창기들과 술주정뱅이들이 나와 무슨 상관이 있는가?

회당에서 말씀을 대담하게 선언한 것이 나와 무슨 상관이 있는가? 종려나무 가지를 길 위에 늘어놓은 것이 나와 무슨 상관이 있는가? 방을 빌려 저녁 만찬을 먹은 일이 나와 무슨 상관이 있는가? 대야에 물을 담아 식탁에 앉아 있는 교만한 사람들의 발을 씻겨준 일이 나와 무슨 상관이 있는가? 칠흑같이 어두운 동산에서 고뇌에 찬 기도를 드린 일이 나와 무슨 상관이 있는가? 세 사람은 잠들고, 한 사람은 고통 속에 부르짖은 것이 나와 무슨 상관이 있는가?

군인들이 지켜보는 앞에서 죽음의 입맞춤을 한 것이 나와 무슨 상관이 있는가? 질투심에 사로잡힌 사람들이 목청을 높여 고소한 일이 나와 무슨 상관이 있는가? 멍들고, 피가 흐르는 등이 나와 무슨 상관이 있는가? 꽃잎을 떼어 낸 가시면류관이 나와 무슨 상관이 있는가? 자기 손을 씻는 이 로마의 관리가 나와 무슨 상관이 있는가? 도시 밖으로 십자가를 짊어지고 나간 일이 나와 무슨 상관이 있는가? 피투성이의 더러운 몰골로 십자가에 못 박힌 이 남자가 나와 무슨 상관이 있는가? 그의 양편에 매달린 이 범죄자들이 나와 무슨 상관이 있는가? 이 남자의 옷을 차지하기 위해 내기를 하는 군인들이 나와 무슨 상관이 있는가? 그를 죽이기 위해 창으로 옆구리를 찌른 것이 나와 무슨 상관이 있는가?

남의 무덤에 안치된 이 상처투성이의 시신이 나와 무슨 상관이 있는가? 시신이 사라진 것을 보고 놀라는 이 여인들이 나와 무슨 상관이 있는가? 오래전에 무시된 이 이야기가 나와 무슨 상관이 있는가? 고난받은 이 지혜로운 사람이 나와 무슨 상관이 있는가? 유대 땅에 은혜가 주어졌지만 그곳 사람들이 희망을 거부한 것이 나와 무슨 상관이 있는가? 이 모든 것이 나와 무슨 상관이 있는가?

그러나 이 이야기는 곧 나의 이야기다. 그 모든 내용이 나를 위한 것이다. 비천하게 시작해서 불명예스럽게 끝난, 흠모할 것이 조금도 없는 이 남자가 바로 우주의 희망이다. 나와 상관이 있는 것은 은혜다. 나도 다윗처럼 죄의 갈등을 겪고 있기 때문에 그의 마음처럼 나의 마음도 은혜가 필요하다.

묵상 포인트

1. 우리의 삶의 이야기가 성경의 큰 이야기 속에 포함되어 있다는 것을 알면 삶을 생각하고, 대하는 방식이 어떻게 바뀔 것 같은가?

2. 예수님이 세상에 와서 우리를 대신해 살고, 고난받고, 죽으신 덕분에 지금 우리에게 주어진 놀라운 은혜를 묵상하라.

36.
임마누엘

"나를 주 앞에서 쫓아내지 마시며"(시 51:11).

이 회개의 시편이 구구절절 예수님을 간절히 구하고 있다는 사실을 깨달아야만 그것의 의미를 진정으로 이해할 수 있다. 이 시편에 포함된 약속은 모두 예수님을 통한 성취를 고대하고 있다. 이 시편의 기도는 모두 예수님을 통한 도우심을 구하는 데 초점을 맞춘다. 이 시편의 핵심에 놓여 있는 죄는 오직 예수님의 은혜로만 해결될 수 있다.

물론 시편 51편은 고백의 기도다. 시편 51편은 진정한 회개를 통해

한 사람의 마음과 삶에 나타난 변화를 다루고 있다. 시편 51편은 진정한 회개는 항상 마음에서 우러나오는 참된 예배로 귀결된다는 것을 보여준다. 그러나 다른 무엇보다도 시편 51편은 임마누엘의 찬송이다. 시편 51편의 용서는 임마누엘이라고 불리게 될 주님이 있어야만 가능하다. 다윗과 우리에게 필요한 모든 것을 제공하시는 예수님은 영광스러운 이름을 취하셨다. 그 이름의 의미는 너무나도 놀라워 이해하기 어렵고, 너무나도 고귀해 상상하기조차 어렵다. 그 이름에는 성경이 말씀하는 모든 것이 요약되어 있다.

창세기 1장은 인간이 하나님과 관계를 맺기 위해 창조되었다고 가르친다. 이것은 인간을 다른 피조물과 구별하는 특징이다. 이 특징이 우리의 삶을 규정한다. 창세기 3장은 인간이 하나님과의 관계에서 벗어나 자율이라는 신기루 같은 희망을 추구했던 두려운 이야기를 전한다. 구약 성경은 하나님이 깨어진 관계를 다시 회복할 수 있는 길을 마련하실 것이라고 예고했다. 성전의 성소를 덮은 영광의 구름은 하나님이 자기 백성과 함께 계신다는 것을 보여주는 물리적인 현상이었다. 그 모든 것이 임마누엘로 향하는 과정이었다. 천사들이 당황해하는 목자들에게 전한 소식은 마침내 임마누엘이 왔다는 하나님의 선언이었다. 성령의 약속은 임마누엘이 와서 영원히 떠나지 않을 것이라는 의미를 지녔다. 이 약속은 성령께서 사도행전에서 가시적인 불꽃의 형태로 임하심으로써 이루어졌다. 임마누엘 앞에서 영원히 거한다는 것이 무슨 의미인지를 알아야만 비로소 천국의 희망을 이해할 수 있다.

　이 모든 사실은 오늘날 우리에게 어떤 의미가 있을까? 다윗의 희망이 우리의 희망인 이유는 그의 고백이 우리의 고백이기 때문이다. 우리에게 필요한 것이 단순한 기도 응답을 훨씬 넘어서는 것이라는 사실을 깨달아야만 하나님이 허락하신 것을 옳게 이해할 수 있다. 우리에게 진정으로 필요한 것은 구원자다. 왜일까? 그 이유는 오직 구원자만이 우리를 우리 자신으로부터 구원하실 수 있기 때문이다. 하나님은 단지 법률적인 용서만을 베풀지 않으신다. 그런 용서를 베푸시는 것만 해도 그분을 높이 찬양해야 할 일이지만 그분은 그것보다 훨씬 더 놀라운 것을 우리에게 베푸셨다. 구체적으로 말해 그분은 우리에게 자기 자신을 내어주셨다. 하나님은 우리의 필요가 너무나도 커서 단지 용서를 베푸는 것만으로는 충분하지 않다는 것을 아셨다. 하나님은 우리의 마음을 열어젖히고, 우리 안에 들어오셔야 할 필요가 있었다. 그렇지 않으면 우리가 마땅히 해야 할 일을 하거나 마땅히 되어야 할 존재가 될 수 없기 때문이다.

　구원의 이야기가 온통 임마누엘, 곧 우리의 마음속에서 죄의 권세를 깨부술 구원자를 향해 나아가는 이유가 바로 이것 때문이다. 구원자는 우리의 마음을, 자신이 권능과 지혜와 영광으로 거하실 장소로 만든다.

　따라서 모두 임마누엘의 기도를 드리고, 임마누엘의 노래를 부르고, 임마누엘의 믿음을 발휘하고, 임마누엘의 복종을 실천하자. 모두 임마누엘의 영광을 바라보며 살고, 희망 중의 희망이 주어진 것을 감사하자. 임마누엘이 지금과 영원히 우리와 함께 계실 것이다.

묵상 포인트

1. 복도에서, 거실에서, 침실에서, 회의실에서, 일상적인 모든 일 가운데서 임마누엘의 임재를 의식하며 사는가? 스스로를 임마누엘의 거처로 생각하는가?

2. 갈라디아서 2장 20절을 읽어라. 예수님이 내 안에서 사시며, 일상생활 속에서 하나님이 요구하시는 일을 할 수 있는 능력을 내게 주신다는 것이 무슨 의미인지를 생각해 보라.

37.
상하고 통회하는 마음을 구하는 기도

"하나님이여 상하고 통회하는 마음을
주께서 멸시하지 아니하시리이다"(시 51:17).

저는 날마다 저의 반응을 결정짓는 태도와

제가 하는 일과

제가 말하는 것을

너무 쉽게 만족해합니다.

제가 전혀 의롭지 않은 상황에서도

얼른 저 자신을 돌아보고

제가 의롭다는 생각에

너무나도 쉽게 빠져듭니다.

제가 하는 생각과

제가 바라는 것과

제가 하는 말과

제가 하는 행위가 옳은 것처럼 느끼기 위해

그럴듯한 논리를 펼치는 데

너무나도 능란합니다.

사랑하는 사람이 저를 불러놓고

제가 결정한 것과

말한 것과

행한 것이 경건하지 못하다고

조금이라도 지적할라치면

저는 지나치게 방어적인 반응을 보입니다.

저는 주님과 저 사이의 일을

너무나도 안일하게 생각하고 있고,

주님에 대한 저의 사랑이 아무런 문제가 없는 듯 느긋하고,

주님의 은혜가 필요한데도 마치 그렇지 않은 척합니다.

저의 사적인 세계의 후미진 구석에는

잘못된 것이 너무나도 많은데도

저 자신에게는 그것들이 옳다고 말합니다.

그곳에는 있어서는 안 될 태도가 있고,

해서는 안 될 말이 있으며,

저를 바라보는 주님의 관점과 상충되는

생각들이 있고,

주님이 저를 위해 계획하신 것과

다른 방향으로 저를 이끄는 욕망이 있습니다.

저는 주님이 원하시는 것보다

제가 원하는 것에 근거해 결정을 내립니다.

그러하오니 주님,

자기 의의 먹구름을 뚫고

저 자신의 참모습을 볼 수 있는 지혜로운 눈을 주옵소서.

자주 사용하는 흔한 변명의 배경 소음을 뚫고

저 자신의 소리를 명확하게 들을 수 있는 지혜로운 귀를 주옵소서.

주님이 저의 방어막을 뚫고

저의 참모습을 저에게 보여주실 때

주님이 보여주신 것을 그대로 받아들여 고백할 수 있는 겸손한 심령을 주옵소서.

주님, 저에게 상하고, 통회하는 마음을 주옵소서.

묵상 포인트

1. 삶 속에서 너무 쉽게 만족해하는 일이 있다면 무엇인가? 아직은 만족스럽게 여겨서는 안 되는데 만족스럽게 여기는 일이 있는가?

2. 하나님이 영적인 불안감과 불만족을 느껴야 할 필요성을 일깨워주시는 일이 있다면 무엇인가? 그런 불만족을 느끼면 삶의 방식이 어떻게 달라질 것 같은가?

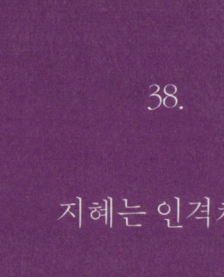

38.

지혜는 인격체다

"내게 지혜를 은밀히 가르치시리이다"(시 51:6).

　죄는 어리석음과 밀접한 관계가 있다. 죄인이란 곧 스스로 지혜롭다고 생각하는 어리석은 사람을 가리킨다. 우리는 죄를 짓는 순간, 스스로 하나님의 길보다 나의 길이 더 낫고, 그분의 생각보다 내 생각이 더 지혜로우며, 그분이 나를 위해 계획하신 것보다 내가 원하는 것이 더 낫다고 믿는다. 죄란 어리석은 자가 스스로 미혹되어 잘못된 것을 옳다고 생각하는 것을 의미한다.

에덴동산에서의 그 끔찍한 순간에 저질러진 원죄를 한 번 생각해 보자. 만일 아담과 하와가 또 다른 조언자의 말에 귀를 기울이지 않았더라면 불순종의 행위는 없었을 것이다. 그 조언자는 그들에게 무슨 일을 하라고 요구했을까? 그는 그들에게 단 한 번만이라도 하나님의 지혜를 의심해 보라고 부추겼다. 그는 자신이 지혜 자체이신 하나님보다 더 지혜로울 뿐 아니라 그들 자신도 그분만큼 지혜롭게 될 수 있다고 유혹했다.

아담과 하와가 금단의 열매에 마음이 끌리게 된 이유가 무엇인지 살펴보자. 창세기 3장 6절은 "먹음직도 하고 보암직도 하고 지혜롭게 할 만큼 탐스럽기도 한 나무인지라"라고 말씀한다. 이 말씀은 좀 더 자세하게 설명할 필요가 있다.

지혜의 본질을 옳게 이해하지 못하면 아담과 하와나 다윗이나 우리가 당하는 유혹의 힘과 의미를 온전하게 파악할 수 없다. 가장 순수한 형태의 지혜는 삶의 지침도, 신학도, 책도, 논리 체계도 아니다. 지혜는 인격체다. 경험이나 탐구나 논리적인 추론으로는 지혜를 얻을 수 없다. 교육이나 실험을 통해서도 지혜는 얻을 수 없다. 지혜는 오직 선하고, 참되고, 지혜로운 모든 것의 원천이신 주님과의 관계를 통해서만 얻을 수 있다. 바울은 골로새서 2장 3절에서 그리스도 안에 "지혜와 지식과 모든 보화가 감추어져" 있다고 말했다.

아담과 하와는 자신들에게 필요한 지혜를 모두 소유하고 있었다. 그 이유는 그들이 자기 자신이나 삶을 이해할 수 있는 독자적인 능력을 지녔기 때문이 아니라 지혜이신 주님과 아직 죄로 오염되지 않은 순수한 관계를 유지하고 있었기 때문이다. 불행히도 그들은 미끼를 덥석 물어 지혜이신 주님을 저버리고 어리석음을 선택함으로써 뱀이 약속했던 것과 정반대되는 결과를 맞이하고 말았다. 그들의 어리석음과 불순종으로 인해 어리석음이 온 인류를 홍수처럼 덮기기 시작했다.

인간은 누구나 더 이상 지혜롭지 않고, 어리석은 상태로 세상에 태어나기 때문에 스스로에게서 구원받아야 할 필요가 있다. 그러나 우리가 어리석은 자라는 경험적인 증거가 있는데도 불구하고(과도한 채무, 중독, 비만, 다툼, 분노, 두려움, 실망, 사람에 대한 두려움), 우리는 스스로 지혜롭다고 생각하고 멸망과 죽음으로 향하는 길로 자신 있게 달려간다. 우리에게 지혜롭게 보이는 길은 지혜롭지 않고, 실제로 지혜로운 길은 우리의 눈에 어리석은 길처럼 보인다.

우리에게 지혜를 가르치기는 매우 어렵다. 왜냐하면 지혜로운 말은 무엇이든 우리 자신의 어리석은 생각에 의해 걸러지기 때문이다.

따라서 다윗에게 필요했던 것이 우리에게도 필요하다. 그는 자신의 잘못된 지혜에 눈이 멀어 불행히도 자신의 삶에 영원히 영향을 미칠 어리석은 행위를 저질렀기 때문에 새로운 회복이 필요했다. 그에게 필요했던 것은 밧세바나 권력의 자리에 뒤따르는 유혹으로부터의 구원이 아니었다. 그는 자기 자신으로부터의 구원이 필요했다. 그는 자기 자신의 어리석음에 속박되어 있었다. 그에게는 그에게 가까이 다가와서 그를 꽉 붙잡고 있던 그 자신을 없애줄 지혜, 곧 주님이 필요했다. 다윗도 우리처럼 지혜로우신 구원자의 구원이 필요했다. 그래야만 그는 비로소 지혜로워질 수 있었다. 그래야만 참된 것을 보고, 죄를 고백하고, 자기를 속인 어리석음으로부터 돌이킬 수 있었다.

 감사하게도 지혜의 주님은 곧 은혜의 하나님이시다. 그분은 어리석은 자의 마음을 변화시키는 일을 좋아하신다. 참 지혜는 그분이 우리 안에 있고, 우리가 그분 안에 있을 때에만 발견할 수 있다. 하나님은 우리에게 그 지혜를 선물로 주기를 기뻐하신다.

묵상 포인트

1. 일상생활 속에서의 생각이나 태도가 마음속에 거하는 어리석음을 어떤 식으로 드러내고 있는가?

2. 지혜이신 주님을 통해 구원받아야 할 필요가 있는 일이 있다면 무엇인가? 좀 더 지혜로워지기 위해 지혜이신 주님의 가르침과 능력이 필요한 일이 있다면 무엇인가? 식습관, 관계, 결정, 선택, 재정, 일, 생각, 일상적인 습관 등을 점검해 보라.

39.

강퍅해진 마음

"자원하는 심령을 주사 나를 붙드소서"(시 51:12).

마음이 강퍅해지는 것보다 더 두려운 영적 현상이 어디에 또 있겠는가? 온화한 사람이 냉혹한 사람으로 변하는 것을 지켜보는 것보다 더 슬픈 일이 어디에 또 있겠는가? 한때 양심의 가책을 느꼈던 일을 서슴없이 저지르면서도 편안함을 느끼는 것보다 영적으로 더 위험한 일이 어디에 또 있겠는가? 하나님이 그르다고 말씀하시는 것을 옳다고 생각하는 것보다 더 잘못된 것이 무엇이겠는가? 죄인인 우리가 스스로를 기만하는 엄청난 능력을 소유하고 있다는 것을 아는 것보다 더 두려운 일이 무엇이겠는가? 다윗의 이야기는 이런 위험을 분명하게 보여주는 대표적인 사례다. 그가 상한 마음을 구했던 이유는 그의 고백대로 자신의 마음이 강퍅해졌다는 것을 깨달았기 때문이다.

사무엘하 11장의 이야기와 시편 51편의 고백을 읽어보면, "어떻게 기름 부음을 받은 이스라엘 왕 다윗이 간음과 살인을 저질렀을까? 어떻게 그토록 선한 사람이 그런 악행에 빠졌을까?"라고 묻지 않을 수 없다. 이런 사실은 죄의 기만적인 속성이 얼마나 위험하고, 강퍅해진 마음이 얼마나 해로운 것인지를 생생하게 보여준다. 우리가 기억해야 할 한 가지는 죄가 행위가 아니라는 것이다. 죄는 마음의 문제이고, 불순종의 행위는 거기에서 비롯하는 결과다.

다윗의 이야기를 생각해 보자. 다윗은 우연히 밧세바가 목욕하는 모습을 보았다. 그가 그녀를 본 사실 자체는 죄가 아니었다. 그러나 그가 본 것을 가지고 저지른 일련의 행위를 통해 죄의 과정이 시작되었다. 다윗은 유혹을 물리치지 않았고, 하나님의 도우심을 구하지도 않았다. 이렇게 단정할 수 있는 이유는 그의 다음 행동 때문이다. 그는 종을 보내 그녀가 누구인지 알아오게 했다. 그것은 유혹을 물리치려는 행동과는 거리가 멀었다. 다윗은 스스로 잘못으로 아는 일을 즉각 시작했다. 아마도 그는 마음속으로 자신의 행위를 정당화할 근거를 찾으려고 했을 것이 분명하다. 그는 자신이 음욕을 품은 여인이 유부녀라는 사실을 알게 되었지만 거기에서 멈추지 않았다. 그는 유혹을 떨치고 도망치지 않고, 자신의 권력을 이용해 그녀를 왕궁으로 데려왔다. 그 순간 다윗은 어떤 계획을 생각해 냈을까? 그는 유부녀에게 저지른 자신의 행위를 어떻게 정당화하려고 했을까?

이 이야기를 읽다 보면 중간중간마다 "다윗, 멈춰요. 지금 생각하는 일을 하지 말아요."라고 소리치지 않을 수 없다. 그러나 그는 멈추지 않았다. 그는 밧세바를 왕궁에 데려오자마자 그녀와 성관계를 맺었다. 과연 정말 이 사람이 사무엘이 마음의 성품을 보고 기름을 부어 이스라엘의 왕으로 삼았던 그 사람인지 도무지 믿기가 어려울 정도다. 그러나 밧세바가 임신한 사실이 드러나자, 더욱 무서운 음모가 전개되었다. 그는 그녀가 임신한 사실을 통해 죄에 미혹된 자신의 실상을 깨우치기보다 더 크고, 무서운 죄를 짓기로 결심했다.

다윗은 최선을 다해 우리아를 이용해 자신의 행위를 은폐하려고 시도했다. 만일 우리아가 밧세바와 잠자리를 같이 한다면, 임신의 원인을 그에게 돌릴 수 있었기 때문에 다윗의 죄가 감추어질 수 있었다. 그러나 우리아는 다윗의 계책에 넘어가지 않았다. 다윗은 욕정에 이끌린 분노에 사로잡혀 두 번째 계획을 세웠다. 그것은 죄에 아무리 단단하게 속박된 상태라고 해도 도무지 생각조차 할 수 없는 잔인한 계획이었다. 다윗은 자기 부하들에게 우리아가 전쟁터에서 죽게 하라고 지시했다. 그 후 다윗은 밧세바와 결혼했다.

동네 서점에 있는 싸구려 책에 실린 이야기라면 절대로 읽지 않을 정도의 역겹고, 더러운 이야기가 아닐 수 없다. 그러나 이 이야기는 유익하다. 왜냐하면 죄가 악한 욕망과 자기기만이 점진적으로 발전하는 과정을 통해 이루어진다는 사실을 일깨워주기 때문이다. 이 이야기는 우리 모두를 향한 예리한 경고다.

우리는 모두 똑같다. 우리 가운데 나는 다윗과 다르다고 말할 수 있는 사람은 아무도 없다. 우리도 하나님이 정하신 한계를 벗어나는 일들에 쉽게 미혹된다. 우리도 우리의 죄를 은폐하고, 축소하고, 합리화하고, 정당화하고, 옹호하고, 적당히 회피하는 데 능숙하며, 항상 무엇인가가 잘못되었다는 것을 알려주는 첫 번째 경고를 무시할 뿐 아니라 아무렇지도 않을 것이라고 스스로를 안심시키며 악을 향해 바짝 다가간다. 우리도 단호히 거절해야 할 일을 곰곰이 생각하기를 좋아하고, 모든 것을 잘 처리할 수 있고, 아무 일도 없을 것이라며 마음을 더욱 강퍅하게 만드는 습성이 있다.

물리적인 죄의 행위가 저질러지는 순간이 곧 실질적인 행동이 발생하는 순간은 아니다. 물론 행위로 짓는 죄가 죄가 아니라는 의미는 아니다. 내 말은 죄와 불순종이라는 도덕적 싸움이 마음의 영역에서 일어난다는 뜻이다. 마음의 싸움에서 패배하면 죄를 물리적으로 저항하는 싸움에서도 패배를 면할 수 없다. 마음이 강퍅해지면 순결함을 유지해주는 내적 제동 장치가 본래의 기능을 발휘하지 못하기 때문에 하나님이 거절하라고 명령하신 일을 선뜻 이행하게 된다.

그러나 우리에게는 희망이 있다. 예수님이 닫힌 눈을 열어주시고, 포로된 자를 해방하고, 새 마음을 주기 위해 세상에 오셨다. 그분은 우리를 지배하는 죄의 권세를 깨뜨리셨다. 따라서 우리는 유혹이 다 가올 때 "저리 가!"라고 말할 수 있는 능력을 부여받았다. 예수님이 오심으로써 우리는 열린 눈과 부드러운 마음으로 살 수 있게 되었다. 우리도 다윗이 한 대로 그분께로 돌이켜 죄를 고백하고, 용서를 받을 수 있다.

묵상 포인트

1. 마음을 부드럽게 하는 은혜의 능력을 경험할 필요가 있는 일이 있다면 무엇인가?

2. 양심이 무뎌져 마땅히 가책을 느껴야 하는데도 아무렇지도 않게 생각하는 일이 있다면 무엇인가? 뒤집어 말해 하나님이 요구하시는 일인데도 하기 싫은 생각이 드는 일이 있다면 무엇인가?

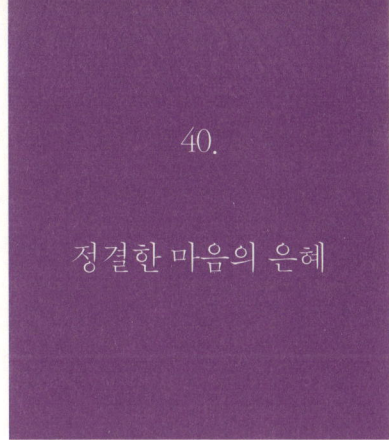

40.
정결한 마음의 은혜

"하나님이여 내 속에 정한 마음을 창조하시고"(시 51:10).

이보다 더 근본적인 기도가 또 있을 수 있을까? 이보다 더 본질적인 것이 또 있을 수 있을까? 어느 날 우리의 마음이 모든 불결함으로부터 완전히 벗어날 것을 믿는 것보다 더 아름다운 소망이 또 있을 수 있을까? 이것이 복음의 주장 가운데 가장 근본적인 주장이다. 이것은 오직 예수 그리스도의 십자가만이 이룰 수 있는 가장 핵심적인 일이다. 율법을 지키는 것으로는 이 일을 절대로 이룰 수 없다. 죄는 마음의 질병이다. 구원은 마음을 회복시켜 다시 올바른 방향을 향하게 만드는 것을 의미한다. 다윗이 그런 기도를 드렸다는 사실은 그가 자기 자신의 필요를 얼마나 절실히 의식했는지를 보여줄 뿐 아니라 하나님의 은혜가 지닌 변화의 능력을 믿는 그의 믿음이 얼마나 위대했는지를 알게 해준다.

다윗이 드린 기도의 배후에 놓인 마음의 신학에 대해 잠시 생각해 보자. 인간은 하나님에 의해 두 부분, 곧 속사람과 겉사람으로 창조되었다. 겉사람은 우리의 물리적인 자아, 곧 육체를 가리킨다. 육체는 마음이 거하는 집이다. 육체는 "땅의 옷"이다. 장차 우리는 새로운 옷을 입게 될 것이다. 속사람은 생각, 감정, 의지, 영혼, 정신 등, 다양한 명칭으로 불린다. 그런 명칭을 모두 아우르는 용어가 "마음"이다. 마음은 인간의 통제 중추다. 그것은 감정, 인식, 욕구의 중심지다. 성경은 많은 곳에서 마음의 문제를 다룬다. 마음은 가장 잘 발전된 성경의 주제다. 성경은 마음이 인간을 움직이는 조종대라고 가르친다. 마음은 우리가 선택하고, 말하고, 행하는 모든 것을 통제하고, 형성하고, 인도한다. 따라서 마음을 통제하는 것이 곧 우리의 행위를 통제하기 마련이다.

이런 사실은 다윗의 용기 있는 기도와 어떤 관계가 있을까? 다윗은 회개와 근본적으로 관련되는 것을 옳게 이해했다. 죄는 우선적으로 행위의 문제가 아닌 마음의 문제다. 그것이 예수님이 여인을 보고 음욕을 품기만 해도 물리적인 간음 행위와 똑같은 도덕적 잘못을 범하는 것이라고 가르치신 이유다. 마음이 행위와 말을 통제하기 때문에 마음에 음욕을 품으면 물리적인 행위를 저지를 가능성이 매우 크다.

이번에는 이점을 다른 각도에서 한 번 생각해 보자. 예배도 우선적으로 행위의 문제가 아닌 마음의 문제에 해당한다. 마음으로 하나님을 다른 어떤 것보다도 높이 존중해야만 우리의 시간과 에너지와 물질과 힘을 다해 그분을 섬길 수 있다. 마음이 불결하다는 것은 단지 나쁜 생각이나 그릇된 욕망을 지녔다는 것에 국한되지 않는다. 마음이 불결하다는 것은 창조주가 아닌 피조물을 사랑하는 것을 의미한다. 피조물을 하나님보다 더 사랑하면 그릇된 일을 생각하고, 말하고, 바라고, 행할 수밖에 없다.

이 모든 사실은 우리의 삶에 가장 큰 영향을 미치는, 가장 크고, 지속적인 문제가 우리 밖이 아닌 우리 안에 존재한다는 것을 의미한다. 우리의 삶 속에서 변화되어야 할 필요가 있는 것은 상황이나 관계(물론 이것들도 변화되어야 할 필요가 있다)가 아니다. 진정으로 변화되어야 할 필요가 있는 것은 바로 우리의 마음이다. 오직 하나님과 그분의 영광만을 추구하는 단순하고, 깨끗한 마음이 필요하다. 우리가 사랑하는 것과 탐하는 것과 섬기는 것을 변화시키려면 은혜가 필요하다. 예수 그리스도의 십자가가 주는 밝고, 귀한 약속은 무엇일까? 그것은 바로 새로운 마음이다.

여기에 복음의 놀라운 메시지가 있다. 우리가 하나님을 피조물로 대체하려는 유혹에 거듭해서 굴복하고, 하나님보다 우리 자신을 더 사랑하고, 우리 자신의 왕국을 건설하기 위해 하나님의 나라에 반기를 들더라도 하나님은 은혜로 우리에게 찾아와 은혜의 팔로 우리를 감싸 안고, 인격의 중추인 마음을 온전히 변화시킬 새로운 과정을 시작할 수 있게끔 도와주신다. 그분은 우리 안에 온전히 정결한 마음을 창조할 때까지 잠시도 쉬거나 채찍질을 멈추지 않으신다.

따라서 우리는 아침에 일어날 때마다 그분의 은혜로 우리의 마음이 이전보다 더 순결해졌다는 것을 알고, 또 그분의 은혜로 오늘보다 내일 더 순결하게 될 것이라고 확신할 수 있다. 우리는 변화의 과정이 이미 시작된 것에 감사하고, 아직 이루어지지 않은 변화를 용기 있게 기대하며 잠자리에서 일어나 하늘을 올려다보며 다윗처럼 "내 속에 정한 마음을 창조하소서"라고 기도할 수 있다.

묵상 포인트

1. 마음속의 무엇이 오직 하나님께만 해당하는 예배(통제, 지배, 충성, 권능, 권위)를 대체하려고 하는가? 하나님을 대체하려는 그런 마음의 성향이 자신의 말과 행위와 선택에 어떻게 영향을 미치고 있는가?

2. 마음속에 있는 불순한 것들로부터 더욱 깨끗해지게 해달라고 기도하면 마음이 이전보다 더 깨끗해진다. 그런 경험을 하거든 감사하며, 찬양하라.

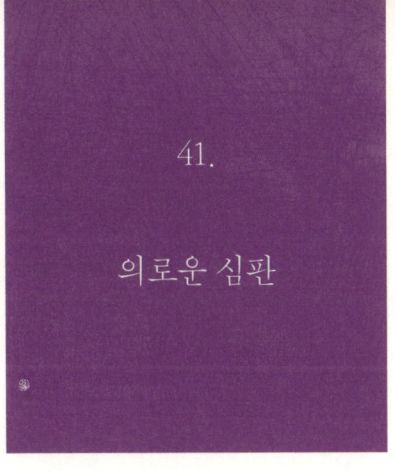

41.
의로운 심판

"주께서 말씀하실 때에 의로우시다 하고
주께서 심판하실 때에 순전하시다 하리이다"(시 51:4).

 죄를 고백하는 사람이 이런 기도를 하다니 참으로 흥미롭다. 왜 다윗은 하나님의 정의를 거론했을까? 죄를 고백할 때 하나님의 긍휼에 호소하는 것은 이해가 되지만 감히 그분 앞에 나서서 그분의 정의를 언급하는 것은 쉽게 이해가 되지 않는다.

 하나님의 정의가 죄인인 우리에게 위로가 되는 이유는 두 가지다. 하나님의 정의는 우리에 대한 그분의 평가가 정확하다는 의미를 담고 있다. 하나님의 평가는 편견이나 선입견에 치우치지 않는다. 그분의 평가는 감추어진 속내가 전혀 없으며, 이전의 경험에 근거한 냉소적 태도나 차별과도 아무 상관이 없다. 우리를 바라보는 하나님의 관점은 모든 점에서 순수하고, 정확하다. 그분이 우리에 관해 말씀하시는 것은 절대적으로 옳다. 잘못된 태도, 생각, 욕망, 선택, 말, 행위 등에 대한 그분의 판단은 모두 사실이고, 온전히 타당하다.

우리는 이 타락한 세상에서의 경험과는 달리 하나님이 우리를 특정한 집단과 잘못 연관시키거나 앙심으로 우리를 그릇 판단하거나 짜증이나 성급함으로 우리를 오해할까 봐 염려할 필요가 없다. 우리에 대한 하나님의 관점은 모든 면에서 절대적인 신뢰성을 지닌다고 믿고 안심할 수 있다. 우리에 대한 하나님의 평가는 죄에 오염되지 않았기 때문에 우리 자신에 대한 우리의 그 어떤 평가보다 더 신뢰할 수 있다.

둘째, 재판관이신 하나님이 우리를 대하시는 방식은 옳고, 순수하다. 하나님의 징계에는 사적인 편견이 개입되지 않는다. 그분의 징계는 분노나 조급함에 영향을 받지 않는다. 하나님의 정의는 왜곡되는 법이 없다. 그분은 우리를 대하실 때 냉정을 잃거나 귀찮아하지 않으신다. 더욱이 하나님은 의로우실 뿐 아니라 은혜롭고, 사랑이 많고, 자애로우시다. 하나님의 정의는 항상 그런 속성들과 조화를 이룬다. 그분은 정의를 베푸는 긍휼의 하나님이시다. 그분은 우리를 사랑으로 징계하신다. 그분은 자기 자녀들의 죄를 다루실 때 긍휼을 잃지 않으신다.

하나님이 자신의 권능을 행사하시는 방식은 아무런 결함이 없다. 그분은 우리에게 낯익은 지도자들, 곧 개인적인 통제나 특권을 위해 권력을 사용하는 사람들과는 전혀 다르다. 그분은 자기 주변에 아첨꾼들을 거느리고, 그들을 다른 사람들과는 다르게 대우하는 지도자와 같지 않으시다. 그분은 상황을 자기에게 유리하게 만들거나 사람들에게 은전을 베풀어 자기에게 신세를 졌다고 생각하게 만들 목적으로 권력을 사용하지 않으신다. 하나님의 정의는 순수한 호의에서 우러나오는 거룩한 왕의 정의다.

따라서 우리는 우리를 정확하게 판단하고, 의롭게 다루시는 하나님의 정의로운 손길에 우리 자신을 안심하고 맡길 수 있다. 그러나 이것이 다가 아니다. 다윗은 미래에 오실 하나님의 아들, 곧 예수 그리스도를 멀리서 고대했지만, 우리는 우리를 대신해 사셨던 그분의 삶을 돌아다본다. 우리가 하나님 앞에 두려움 없이 설 수 있는 이유는 우리가 그분의 인정을 받을 만한 가치를 지니고 있기 때문이 아니라 그분의 정의가 예수님의 죽음으로 온전히 충족되었기 때문이다. 따라서 하나님은 의로우실 뿐 아니라 의롭다 하시는 분이 되신다. 그분은 자신의 의를 조금도 타협하지 않고 우리의 불순종과 죄를 용서하실 수 있다.

우리는 하나님 앞에서 거짓으로 우리를 꾸밀 필요가 없다.
우리는 하나님을 무서워하며 달아날 필요가 없다.

우리는 우리의 잘못을 합리화시킬 필요가 없다.

우리는 다른 사람에게 잘못을 전가하려고 애쓸 필요가 없다.

우리는 거짓된 변명을 만들어낼 필요가 없다.

우리는 우리가 인정받을 만한 가치가 있다는 것을 보여주려고 온갖 주장을 제기할 필요가 없다.

우리는 공로를 세워 하나님의 호의를 얻으려고 노력할 필요가 없다.

예수님이 우리의 죄를 대신 짊어지고, 우리의 형벌을 대신 당하셨기 때문에 우리는 우리의 모습 그대로 아무 두려움 없이 하나님의 의의 빛 앞으로 담대히 나설 수 있다. 우리의 재판관이신 하나님이 또한 우리를 의롭다 하신다. 여기에 안식이 있고, 희망이 있다.

묵상 포인트

1. 그릇된 선입견이나 이기적인 편견에 치우치지 않고, 우리를 정확하게 평가하시는 하나님 앞에 설 수 있다는 것이 얼마나 은혜로운지를 잠시 묵상해 보라. 우리를 바라보는 하나님의 관점이 항상 옳고, 정확하다는 사실을 알면 얼마나 큰 위로가 되는지를 생각해 보라.

2. 하나님의 순수한 정의가 그분의 긍휼과 조화를 이룬다는 사실을 감사하며, 찬양하라. 우리 가운데 완전한 사람은 아무도 없지만 그리스도 덕분에 하나님이 자신의 의를 조금도 타협하지 않고 우리를 받아주실 수 있게 되었다는 사실을 감사하며, 찬양하라. 이런 사실을 생각하면 하나님을 피해 도망치려는 행위가 얼마나 어리석은 일인지 알 수 있다. 혹시 자신의 삶 속에서 하나님을 피해 도망치고 있다는 것을 보여주는 어떤 증거가 있는지 점검해 보라.

42. 하나님의 기쁨

"그 때에 주께서 의로운 제사와 번제와 온전한 번제를 기뻐하시리니
그 때에 그들이 수소를 주의 제단에 드리리이다."

솔직히 나를 기쁘게 하는 것들은
좀 유치하다.
나를 미소짓게 만드는 것은
그렇게 특별나지 않다.
맛있는 스테이크,
달콤한 초콜릿,

안락한 침대면

나는 정말 즐겁다.

나는 차가운 소다수와

따뜻한 차가 주는 즐거움을 원한다.

나는 내가 필요할 때

화장실이 비어있기를 원하고,

내가 자동차를 운전할 때

도로에 다른 차들이 없기를 바라며,

사람들이 나의 견해를 존중하고,

나의 계획에 찬성해 주기를 원한다.

나는 아내가 나의 있는 그대로의 모습에

만족하기를 원하고,

각종 청구서를 모두 처리할 수 있고,

나를 행복하게 해주는

유쾌한 일들을 할 수 있을 만큼의 돈을 갖고 싶다.

그러나 하나님은

나와 다르시다.

그분의 기쁨은

저급한 우상 숭배와 다름없는 것들과 전혀 무관하다.

그분의 욕구는

탐욕스러운 이기심에 지배되지 않는다.

그분은 자기중심적인 불만족에
시달리지 않으신다.
그분의 즐거움은
천박하거나
추악하거나
불결하지 않다.
하나님이 미소지으시는 이유는
거룩하고,
그분의 목적은
순수하다.
그분은 자신의 영광 안에서
가장 큰 기쁨을 발견하고,
죄인들이 스스로의 영광을 추구하는 데서 돌이켜
자신의 영광을 추구할 때 크게 기뻐하신다.
하나님은 자신의 계획이 이루어질 때
크게 즐거워하고,
자기 자녀들이 스스로의 쾌락을 버리고
자신의 즐거움을 위해 사는 것을 보실 때
만족하신다.
언젠가는 나를 즐겁게 하는 기쁨들이
하나님을 기쁘시게 하는 것들이 될 것이다.

그때가 오기까지는
하나님이 스스로의 쾌락에 이끌려
그릇된 길로 치우친 사람들을
구원하기를 기뻐하신다는 사실에
희망을 둘 것이다.
왜냐하면 나에게도 오늘
또 한 번 그런 구원이 필요하기 때문이다.
나의 가장 큰 즐거움을 피조물 가운데서는 발견할 수 없고,
오직 창조주 안에서만 발견할 수 있는 그 날이 되기까지
나에게는 날마다 그런 구원이 필요하다.

묵상 포인트

1. 자기를 기쁘게 하는 것과 하나님을 기쁘시게 하는 것이 얼마나 서로 가깝게 일치하는가?

2. 하나님의 영광을 가장 큰 기쁨으로 삼는다면 어떤 즐거움을 더 이상 추구해서는 안 될 것 같은가?

43.
마음의 울타리를 세워라

"보소서 주께서는 중심이 진실함을 원하시오니 내게 지혜를 은밀히 가르치시리이다"(시 51:6).

고백은 깨달음을 준다. 고백이 진지할수록 깨달음도 더 커진다. 이것이 고백의 유익 가운데 하나다. 시편 51편은 다윗의 영적 상태가 어떻게 바뀌었는지를 잘 보여준다. 그는 정욕에 완전히 눈이 멀어 하나님이 주신 정치 권력을 이용해 다른 남자의 아내를 취하고, 음모를 꾸며 그를 살해했지만, 이제는 자신이 저지른 악한 행위는 물론, 그 배후에 있던 마음의 문제까지 옳게 볼 수 있게 되었다.

누구든 자기 자신을 그런 식으로 명확하게 볼 수 있다면, 그것은 곧 하나님의 은혜가 그의 삶 속에서 역사하고 있다는 증거다.

다윗은 "보소서 주께서는 중심이 진실함을 원하시오니 내게 지혜를 은밀히 가르치시리이다"라고 말했다. 다윗은 새로운 깨달음을 얻었다. 그는 새로운 통찰력을 얻어 하나님이 무엇을 하시려고 하는지를 이해했다.

하나님이 정하신 곳에 도덕적인 울타리를 쳐야만 비로소 그분의 기준에 부합하는 거룩한 삶을 살 수 있다. 그러나 우리는 단지 행위의 한계만을 한정하려는 경향이 있다. 구체적으로 말해 우리는 자녀들에게 공손한 마음의 중요성과 다른 사람들을 마땅히 존중하지 않게 만드는 마음의 문제들을 가르치기보다 단지 다른 사람들을 대할 때 존칭을 사용하라고 말하는 것으로 만족할 때가 많다. 사실 그래도 어느 정도는 아무런 문제가 없다. 그러나 특정한 행동을 억지로 강요하는 것만으로는 공손한 마음을 지니게 만들기가 어렵다. 예를 들어 어떤 아이가 교사가 내준 숙제가 맘에 들지 않아 공손하지 않은 어조로 "네, 스미스 선생님. 그렇게 하겠습니다."라고 말했다고 가정해 보자. 교사는 그 아이가 비록 존칭을 사용했지만 그것은 단지 무례하다는 말을 듣지 않기 위한 의도일 뿐 실제로는 자신을 전혀 존중하고 있지 않다는 것을 즉시 알아차릴 수 있다.

이것이 그리스도께서 산상 설교를 통해 가르치신 것이 그토록 중요한 이유다. 그리스도께서는 도덕적인 울타리를 내면으로 바짝 끌어당

기셨다. 그분은 우리의 마음에 울타리를 치라고 가르치셨다. 왜냐하면 마음에 울타리를 쳐야만 하나님이 정하신 행위의 울타리 안에 기꺼이 안전하게 머물러 있을 수 있기 때문이다. 예수님은 "또 간음하지 말라 하였다는 것을 너희가 들었으나 나는 너희에게 이르노니 음욕을 품고 여자를 보는 자마다 마음에 이미 간음하였느니라"(마 5:27, 28)라고 말씀하셨다.

그리스도께서 가르치신 방식이 얼마나 중요한지를 깊이 생각해 보라. 그분은 7계명에 또 다른 계명을 덧붙이지 않으셨고, 그 계명을 해설하지도 않으셨다. 그분은 단지 7계명의 의도와 범위를 언급하셨을 뿐이다. 계명들은 모두 마음의 근본적인 문제들을 다룬다. 다윗은 이를 "은밀히(in the inmost place)"라는 말로 표현했다. 계명들은 하나님이 정하신 행위 규칙만을 가르치지 않는다. 그것들은 좀 더 근본적인 차원에서 하나님이 마음의 소유주시라고 가르친다. 여기에는 중요한 것이 하나 더 있다. 하나님은 정욕이 무엇을 탐하는지를 잘 아신다. 정욕은 더 많은 정욕을 탐하지 않는다. 정욕은 정욕의 대상이 되는 것을 물리적으로 경험하기를 원한다. 정욕에 지배된 마음은 더 생생하고, 더 멋진 환상만으로 만족하지 않는다. 정욕이 가득한 마음은 실제적인 경험을 원하며, 원했던 일을 직접 경험했을 때 비로소 만족한다. 이것이 행위의 한계를 한정하는 것만으로는 큰 효과가 없는 이유다. 만일 행위의 한계를 한정하더라도 마음에 울타리를 치지 않으면 언제라도 그것을 뚫거나 넘어서 그 밖으로 나갈 수 있다.

다윗의 말은 우리 모두에게 해당한다. 그의 가르침은 그리스도의 가르침과 일맥상통한다. 마치 그리스도께서 가르치실 때 다윗과 밧세바의 일을 염두에 두셨던 것처럼 느껴진다.

마음에 울타리를 쳤는가? 아니면 단지 행동의 한계 내에만 머물러 있다가 그것을 넘나들기를 반복하고 있는가? 마태복음 5-7장에 기록된 산상 설교를 읽고, 그 가르침을 배워라. 하나님께 "내게 지혜를 은밀히 가르쳐주소서"라고 기도하라. 하나님의 은혜에 의지해 생각과 욕망의 싸움을 싸우겠다고 결심하라. 이 싸움에서 승리해야만 행동의 싸움에서도 승리할 수 있다는 것을 명심하라. 이 싸움을 싸울 때 우리는 결코 혼자가 아니다. 주님이 우리를 위해 함께 싸워주신다.

묵상 포인트

1. 지금 "마음의 울타리"를 세워야 할 곳이 있다면 어디인가?

2. 삶의 어디에서 하나님이 정하신 "마음의 한계"를 넘어섰다는 증거가 나타나고 있는가? 만일 그렇다면 죄를 고백하고, 하나님의 용서를 받아라.

44.
하나님의 영광에 호소하는 기도

"그 때에 주께서…온전한 제사를 기뻐하시리니
그 때에 그들이 수소를 주의 제단에 드리리이다"(시 51:19).

하나님의 영광에 호소하면 항상 안전한 곳에 머물 수 있다. 다윗도 시편 51편 18, 19절에서 그렇게 했다. 그는 "주의 은택으로 시온에 선을 행하시고 예루살렘에 성을 쌓으소서"라고 기도했다. 왜 그렇게 기도했을까? 그 이유는 "그 때에 주께서 의로운 제사와 번제와 온전한 번제를 기뻐하시리니 그 때에 그들이 수소를 주의 제단에 드리리이다"라는 말씀에 있다. 다윗의 기도는 "하나님, 주님의 백성을 축복하소서. 왜냐하면 그렇게 하시면 그들이 주님의 영광을 위해 살 것이기 때문입니다."라는 의미를 담고 있다. 이것이 진정한 성경적인 기도다. 우리는 기도할 때 우리의 필요 목록을 열거하고 하나님이 능력을 베풀어 우리에게 위로가 되는 것들과 우리 자신의 영광을 드높일 일들을 이루어주시기를 간구하는 경향이 있다. 몇 가지 예를 들면 다음과 같다.

"하나님, 제가 일할 때 지혜를 주세요. (그래야 돈도 더 많이 벌고, 더 힘 있는 자리에 올라갈 수 있으니까요.)"

"하나님, 저의 재정적인 어려움을 해결해 주세요. (그래야 저를 행복하게 해줄 즐거운 일을 하거나 갖고 싶은 것을 더 많이 가질 수 있으니까요.)"

"하나님, 제 딸이 좀 더 공손한 태도를 지니게 해주세요. (그래야 저의 저녁 시간이 좀 더 평화로워져 제가 하고 싶은 일을 잘 할 수 있으니까요.)"

"하나님, 제 남편의 일이 잘 되게 해주세요. (그래야 제가 꿈꾸었던 결혼 생활을 이룰 수 있으니까요.)"

"하나님, 이웃과의 관계가 좀 더 나아지게 해주세요. (그래야 이웃이 저를 좋아해 자기 개가 저의 집 화단을 망치는 일을 더 이상 하지 못하게 해줄 테니까요.)"

"하나님, 제 병을 고쳐주세요. (그래야 제가 좋아하는 육체 활동을 마음껏 할 수 있으니까요.)"

우리의 기도는 대부분 하나님의 영광과는 아무런 상관이 없다. 유감스럽게도 우리의 기도는 하나님이 단지 우리의 이기적인 헛된 영광을 추구하는 일을 도와주시기를 바라는 의미일 때가 많다. 만일 하나님이 우리의 기도를 다 들어주신다면, 그것은 그분의 성품에도 어긋나고, 또 오히려 우리의 멸망을 부추기는 결과가 될 것이다.

이렇게 말하면, "이봐요. 하나님이 자신의 영광만을 그토록 중시하신다니 우리를 별로 사랑하지 않으시는 것처럼 들리네요. 하나님이 다른 것들보다 그분 자신의 영광에 더 큰 열정을 기울이신다는 사실이 어떻게 내게 도움이 된다는 말인가요?"라고 물을지도 모른다. 이것은 대답할 가치가 있는 매우 좋은 질문이다.

첫째, 인간의 성품을 평가하는 것처럼 하나님의 성품을 평가해서는 안 된다. 하나님은 사람이 아니시기 때문에 그분이 인간을 위해 세우신 기준으로 그분을 판단할 수 없다. 자기 영광에 집착하는 인간은 매우 교만하며, 자기확대 의식이 엄청나게 강하다. 그러나 하나님은 그렇지 않으시다. 하나님은 인간과는 전혀 다른 존재이시다. 그분의 지위에 필적할 것은 그 어디에도 없다. 하나님이 인간을 위해 정하신 법칙으로 그분을 판단하는 것은 금붕어의 기준으로 푸들을 판단하는 것과 같다. 그것들은 서로 종이 다르다. 금붕어는 물속에서 살도록 창조되었다. 그 기준을 푸들에게 적용하면 푸들은 곧 익사하고 말 것이다.

하나님이 자신의 영광을 가장 크게 기뻐하시는 것이 옳고, 선하고, 유익한 이유는 그분이 하나님이시기 때문이다. 조금 전에 말한 내용의 논리를 이해하는 것이 중요하다. 하나님이 자신의 영광을 부인하신다면 그분은 더 이상 하나님이 되실 수 없다. 그분이 하나님이 되려면 모든 피조물보다 무한히 뛰어나셔야 한다.

하나님이 자기 자신이 아닌 다른 것에 스스로를 복종시킨다면, 그분은 더 이상 만유의 주님이 되실 수 없다. 하나님이 자신의 영광에 열정을 기울이시는 것이 곧 우주의 희망이다. 하나님의 순수하고, 지혜롭고, 거룩하고, 선한 계획이 궁극적으로 이루어지는 것이 창조된 모든 피조물의 희망이다. 오직 이것을 통해서만 장차 죄로 인해 부패한 모든 것이 회복될 수 있다. 만일 하나님이 자신의 영광과 자신의 모든 영광스러운 목적을 포기하신다면 그분의 약속들은 그것들이 기록된 종이보다 더 못한 가치를 지니게 될 것이고, 죄인을 위한 구원의 희망도 모두 사라지고 말 것이다.

하나님이 자신의 영광을 기뻐하고, 우리에게 자신의 영광을 위해 살라고 요구하며, 그렇게 할 수 있는 능력을 주시는 이유는 우리 자신의 영광에 집착하고, 그런 거짓된 영광들을 끊임없이 추구하는 것이 우리를 파멸로 몰아넣는 것이기 때문이다.

하나님이 자신의 영광을 철저하게 추구하는 것이야말로 그분이 우리를 위해 하실 수 있는 가장 큰 사랑의 행위다. 우리에게 생명을 줄 것이라고 생각했지만 도리어 허무함과 (궁극적으로는) 죽음만을 가져다 줄 일들에 속박된 우리를 해방하고, 우리를 우리 자신에게서 구원할 수 있는 것은 오직 하나님의 영광뿐이다.

따라서 우리도 다윗처럼 하나님의 영광에 호소해야 한다. 그렇게 하면 하나님께 우리의 마음을 복종시킬 수 있을 뿐 아니라 오직 그분만이 주실 수 있는 자유하게 하는 사랑을 허락해 달라고 구할 수 있다.

그렇게 기도할 때마다, 우리는 하나님의 자녀로서의 자유를 누릴 수 있고, 하나님의 영광과 우리의 영광의 차이를 구별할 수 있는 능력을 더욱 키워나갈 수 있다.

묵상 포인트

1. 어떤 피조물의 영광이 하나님의 영광을 밀어내고 마음을 차지하려고 하는가?

2. 기도할 때 자신의 영광을 구하는 내용이 얼마나 많은가? 하나님의 영광에 호소하는 기도를 드린다면 기도가 어떻게 달라질 것 같은가?

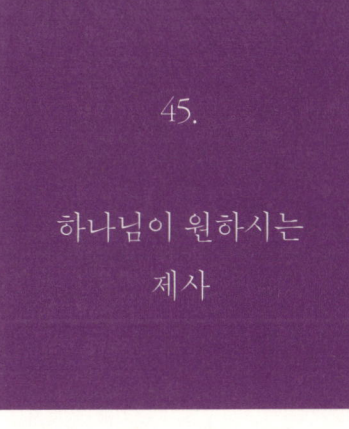

45. 하나님이 원하시는 제사

"하나님께서 구하시는 제사는 상한 심령이라 하나님이여 상하고 통회하는 마음을 주께서 멸시하지 아니하시리이다"(시 51:17).

저의 시간 중에 일부를
주님께 드린다면,
저의 힘 가운데 일부를
주님께 드린다면,
저의 소유 가운데 일부를
주님께 드린다면,

저의 생각 가운데 일부를

주님께 드린다면,

저의 성공 가운데 일부를

주님께 드린다면,

저의 관계 가운데 일부를

주님께 드린다면,

아마도 이런 제사들만으로도

주님은 기뻐하시고,

이런 제물들만으로도

주님은 즐거워하실 것입니다.

저는 기꺼이 십일조를 드리고,

저는 기꺼이 제 일정을 미루고,

저는 기꺼이 자원해서 섬기겠습니다.

저는 기꺼이 저의 역할을 감당하겠습니다,

그러나 솔직히 주님이 저의 일부만으로는

온전히 만족하지 않으신다는 것을 압니다.

잠깐의 바침,

잠깐의 섬김,

잠깐의 제사,

잠깐의 사역,

잠깐의 돌이킴으로는

주님이 만족하지 않으신다는 것을 압니다.
사실은 주님이 요구하시는 것이
두렵습니다.
상한 마음이 두렵습니다.
통회하는 마음이 두렵습니다.
주님의 은혜로 인해
제가 깨지는 것이 두렵습니다.
그래서 저의 섬김으로
주님의 관심을 다른 곳으로 돌리고,
저의 시간으로
주님의 관심을 다른 곳으로 돌리고,
저의 물질로
주님의 관심을 다른 곳으로 돌리려고 애씁니다.
그러나 마음 깊은 곳에서는
주님이 무엇을 원하시는지 압니다.
마음 깊은 곳에서는
주님이 무엇을 요구하시는지 압니다.
제가 두려워하는 이유는
저 자신이 저의 마음을 차지하고 싶어서입니다.
저는 마음을 다른 것에 주고 싶어 합니다.
저는 주님 밖에서 즐거움을 찾고 싶어 합니다.

주님을 만족시킬 수 있는 것을
주님께 드리기가 두렵습니다.
상한 마음이 두렵습니다.
그래서 늘 헛된 제사와
공허한 찬양으로
주님을 노하시게 만듭니다.
주님이 그것들로 만족하시기를 헛되이 바라며
저의 멸망을 재촉합니다.

묵상 포인트

1. 하나님께 드리기가 싫은 마음의 제사가 있다면 무엇인가?

2. 예수님이 완전한 제사를 드리신 덕분에 하나님이 우리의 제사를 받아 주실 수 있게 된 것을 감사하며, 찬양하라.

46. 자기 인식은 놀라운 은혜의 결과

"무릇 나는 내 죄과를 아오니"(시 51:3).

나는 오랫동안 사람들을 상담해왔다. 그러면서 종종 발견하는 한 가지 사실은 사람들이 자기 자신에게 깊이 현혹되어 있다는 것이었다. 물론 나 자신도 예외가 아니다. 우리 자신을 정확하게 보기가 얼마나 어려운지 그저 놀라울 따름이다. 다른 사람들은 상당히 높은 수준의 정확도를 가지고 보지만, 나 자신은 그렇게 보지 못한다는 것이 내가 거듭해서 경험하는 사실이다.

화를 잘 내는 사람들은 자기는 화를 잘 내지 않는데 다른 사람들이 괜히 그렇게 생각하고 있다고 말하고, 지배적인 사람들은 자기가 오히려 다른 사람들을 섬기기를 좋아한다고 생각하며, 복수심이 강한 사람은 자기가 다른 사람들에게 보복하기를 좋아한다는 사실을 의식하지 못한다. 섹스는 그렇게 큰 문제가 아니라고 생각하는 음란한 사람들도 있고, 스스로 남편을 무지하게 사랑하고 있다고 생각하면서 온갖 불평불만을 늘어놓는 아내들도 있다. 또 체육관에 가보면 주위에 있는 권위자들보다 자기가 더 지혜롭다고 생각하는 청소년들이 득실거린다. 어떤 목회자들은 스스로는 전혀 은혜롭지 않은 율법적인 사람이면서도 은혜의 신학의 주창자인 것처럼 행동한다.

왜 우리는 그렇게 스스로 미혹되는 것일까? 그 이유는 여러 가지다. 우리는 주변 문화의 어설픈 기준에 우리 자신을 비교하는 실수를 저지른다. 그 기준은 하나님이 우리에게 요구하시는 기준에 훨씬 못 미친다. 또 우리는 늘 우리보다 더 많은 잘못을 저지른 것처럼 보이는 사람을 찾아낼 수 있으리라고 생각하며 우리를 다른 사람들과 비교하는 실수를 저지른다.

우리는 우리 자신의 의로움을 주장하는 데는 지나치게 많은 시간을 할애하기 때문에 우리 안에 남아 있는 죄를 생각해야 할 시간이 거의 남아 있지 않다.

가장 중요한 이유는 죄의 본질 때문이다. 죄는 속인다. 죄는 숨고, 자기를 옹호하고, 가면을 쓰고, 용납할 수 있는 형태로 모습을 바꾸고, 책임을 전가하고, 심지어는 하나님의 선하심을 의심하기까지 한다. 죄는 항상 사람을 속여 죄를 짓게 만든다.

죄의 본질은 속이는 것이기 때문에 우리 자신을 정확하게 보려면 도움이 필요하다. 바꾸어 말해 개인적인 영적 통찰력은 인격적인 교통에서 비롯한다.

우리 혼자 힘으로는 그런 통찰력을 얻기가 어렵다. 다윗이 이 시편에서 말하고 있는 것처럼 우리 자신을 명확하게 알려면 두 가지의 인격적인 교통이 필요하다. 첫째, 우리는 하나님과의 교통이 필요하다. 우리는 성령의 죄를 깨닫게 하시는 사역을 통해 우리 자신을 정확하게 보고, 우리가 본 것을 기꺼이 인정할 수 있다.

그러나 성령께서는 도구를 사용하신다. 이것이 두 번째의 인격적인 교통이 요구되는 이유다. 하나님은 사람들을 이용해 다른 사람들을 깨우치신다. 다윗의 경우에는 나단 선지자가 그 도구였다. 그는 경험 많은 선지자답게 다윗의 방어벽을 뚫고 들어가서 그의 마음을 사로잡고, 그의 양심을 자극할 수 있는 이야기를 들려주었다. 다윗은 그 지혜로운 선지자의 말과 그 단순한 이야기를 통해 자신의 실상과 행위를 밝히 보고 통회 자복했다.

소경처럼 더듬거리며 삶을 살아가는 사람들이 많다. 그들의 눈먼 상태는 스스로의 눈먼 상태를 옳게 의식하지 못하는 탓에 더욱 위험하고, 바로 잡기가 매우 어려운 상태가 되고 만다. 물리적으로 눈이 먼 사람은 자신이 소경이라는 사실을 분명하게 의식한다. 그는 자신이 아무것도 볼 수 없다는 사실을 익히 알고 있기 때문에, 그런 육체적인 결함에서 비롯하는 한계 내에서 살아갈 방도를 찾는다. 그러나 영적으로 눈이 먼 사람들은 자기가 영적 소경이라는 사실을 의식하지 못한다. 그들은 스스로가 볼 수 있을 뿐 아니라 그것도 아주 잘 볼 수 있다고 확신한다. 따라서 그들은 자신들의 눈을 뜨게 해줄 도움을 구하지 않는다. 그들은 "아무 이상도 없는데 도움을 구해야 할 이유가 무엇인가?"라고 생각한다.

따라서 어떤 사람이 스스로를 정확하고, 명확하고, 분명하게 본다면 그것은 그에게 은혜가 임했다는 확실한 증거다. 오직 하나님의 은혜만이 우리의 닫힌 눈을 열 수 있고, 우리가 본 것을 기꺼이 인정할 수 있는 마음을 갖게 해준다.

우리는 시편 51편의 첫 구절에서부터 이례적인 통찰력을 지닌 사람의 말을 읽을 수 있다. 첫 구절을 읽는 즉시 그가 겸손하고, 명확한 깨달음을 지닌 사람인 것을 알 수 있다. 자기 자신을 정확하게 알고, 잘못을 뉘우치는 사람들의 말은 단지 그들만을 위한 말이 아니다. 그들은 하나님의 은혜를 입어 그분이 사용하시는 은혜의 도구 가운데 하나가 된다. 왜냐하면 죄인들은 스스로의 힘으로는 그런 명확한 자기 인식에 도달할 수 없기 때문이다.

묵상 포인트

1. 하나님의 은혜를 통해 어제보다 오늘 어떤 식으로 자신을 더욱 명확하게 볼 수 있었는가?

2. 스스로의 눈먼 것을 알지 못한 채 살아가고 있지는 않은가? "하나님, 제 눈을 열어주셔서 주님이 보여주신 것을 겸손한 태도로 기꺼이 인정할 수 있는 은혜를 베풀어주소서."라고 기도하라.

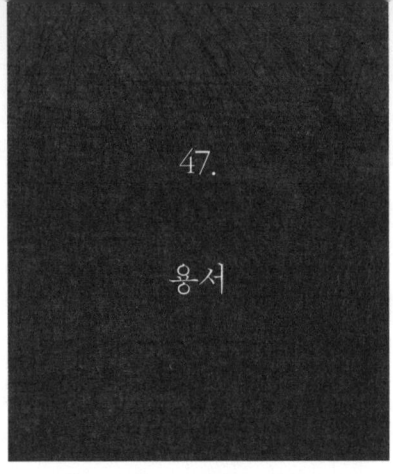

47. 용서

"내 모든 죄악을 지워주소서"(시 51:9).

만일 용서의 하나님이 우주를 다스리지 않으신다면, 시편 51편은 존재하지 않았을 것이다. 우주 만물을 다스리는 하나님 앞에 나가 의도적으로 그분의 명령을 거역한 사실을 인정하는 것은 자살 행위나 다름없는 미친 짓처럼 보이지만 다윗은 정확히 그렇게 했다. 그는 옳게 이해하고, 실천할 경우, 그의 삶을 근본적으로 변화시킬 수 있는 두 가지 현실을 받아들였다. 성경의 핵심 내용인 구원의 이야기는 곧 이

두 가지 주제의 상호 작용에 관한 이야기다. 이 두 가지 주제를 중심으로 이 타락한 세상에서의 삶의 드라마가 펼쳐진다.

사실 이 두 가지 주제는 모든 철학이나 종교 체제의 핵심 주제다. 이 두 가지 주제는 모든 사람이 어떤 식으로든 묻지 않을 수 없는 두 가지 질문의 형태로 나타난다. 사람들의 가장 지속적이고, 가장 큰 문제는 무엇인가(또는 사람들은 자기들이 하는 일을 왜 하는가)? 이 문제를 어떻게 해결할 수 있는가(또는 사람 안에서 어떻게 지속적인 변화가 일어날 수 있는가)? 세계관에 따라 이 두 가지 물음에 대한 대답이 제각기 다르고, 그 차이에 따라 세계관이 서로 구별된다.

다윗은 하나님 앞에 겸손히 자신의 죄를 고백함으로써 하나님이 말씀을 통해 이 보편적인 질문에 대답하신 것을 기꺼이 받아들였다. 사람들의 문제는 무엇인가? 성경은 간단하고도 분명하게 죄라고 대답한다. 성경은 우리의 밖이 아닌 안을 바라보도록 이끈다. 성경은 우리 자신이 우리의 가장 큰 문제라는 사실을 인정하라고 요구하며, 우리 안에 있는 죄가 어떻게 우리의 생각과 욕망과 선택과 행위와 말을 오염시키는지를 역사적으로 분명하게 보여준다. 그러나 성경은 그것으로 멈추지 않는다. 성경은 죄가 어떻게 우리와 하나님을 서로 반목하게 하고, 우리 스스로 주권자와 입법자가 되도록 부추기는지를 분명하게 보여준다. 성경은 하나님의 나라를 위해 살기보다 우리 자신의 작고, 비좁은 왕국을 세우려고 애쓸 때 어떤 결과가 나타나는지를 알려주며, 우리 각자가 실천적인 차원에서 우리 안에 심각한 도덕적 결함이 있기 때문에 우리에게 있는 그 어떤 문제도 스스로 해결할 수 없다는 사실을 기꺼이 인정하라고 요구한다.

다윗이 고백한 말을 살펴보면, 그가 그런 성경의 가르침을 옳게 이해했다는 것을 알 수 있다. 그가 죄를 고백한 이유는 희망과 도움을 발견할 수 있을 것이라고 믿었기 때문이다. 그는 죄를 인정하는 것이 죽음을 가져올 것이라고 생각하지 않았다. 그는 자신의 가장 큰 문제를 스스로는 해결할 수 없더라도 다른 곳에서 그 해결책을 발견할 수 있을 것이라고 확신했다.

죄인의 유일한 희망은 용서다. 좀 더 분명하게 말하면 죄인의 유일한 희망은 우주를 주관하는 하나님이 곧 용서의 하나님이시라는 사실에 있다. 하나님이 기꺼이 용서를 베풀지 않으신다면 우리는 아무런 희망이 없다. 그러나 그분은 기꺼이 용서를 베푸신다. 성경을 관통하는 이야기는 곧 능동적으로 기꺼이 용서를 베푸시는 하나님에 관한 이야기다. 그분은 자연의 힘을 다스리고, 인간의 역사를 통제해 마지막 제사장이자 메시아요 희생양이신 주 예수 그리스도께서 세상에 와서 완전한 삶을 살고, 우리의 죄를 위해 자기 자신을 희생 제물로 바치셨던 그때를 향해 모든 것이 나아가게 만드셨다. 그 모든 역사가 이루어진 이유는 하나님이 자신의 성품과 계획과 율법을 타협하지 않고서 우리의 가장 큰 문제인 죄를 해결할 수 있는 유일한 방법인 용서를 가능하게 하시기 위해서였다.

성경의 내용은 최악의 소식(우리가 모두 죄인이라는 것)이자 최상의 소식

(하나님이 기꺼이 용서를 베푸신다는 것)으로 이루어져 있다. 최악의 사실을 기꺼이 인정해야만 비로소 최상의 것을 얻을 수 있다. 따라서 우리는 부인과 회피를 일삼거나 자기변명의 논리를 구사하거나 보속이나 자기 속죄의 체제를 받아들이거나 다른 사람들에게 책임을 전가하거나 공로를 세워 하나님의 은혜를 얻으려고 애쓸 필요가 없다. 우리는 우리의 모습 그대로, 상하고, 불결하고, 흠 많은 모습 그대로 수천 번이라도 하나님 앞에 나올 수 있다. 그분은 자기에게 나와 "죄를 지었습니다. 은혜를 베풀어 용서해 주옵소서."라고 말하는 사람은 누구든 절대로 거절하지 않으신다.

용서받을 수 없을 정도로 큰 죄나 극악무도한 행위는 없다. 희망이 없는 사람은 아무도 없다. 언제라도 값없이 용서받을 수 있다. 나이, 성별, 인종, 지역, 지위 등 용서의 조건은 아무것도 없다. 하나님은 우리를 언제라도 환영하신다. 그분은 단지 죄를 인정하고, 자기 안에서 발견할 수 있는 것, 곧 용서를 구하라고 요구하실 뿐이다. 그분은 어떤 죄라도 능히 용서하실 수 있고, 또 기꺼이 용서를 베푸신다. 하나님은 우리가 결코 온전히 이해할 수 없는 은혜로 "내게로 오라"고 말씀하신다.

일어나라, 내 영혼아, 일어나라. 죄의 두려움을 떨쳐버려라.
나를 대신해 피 흘린 희생 제물이 나타났고,
보좌 앞에 나의 보증인이 서 계시네.

내 이름이 그분의 손에 적혀 있네.

그분은 항상 하늘 위에 살아 계셔서 나를 위해 간구하시네.

그분은 구속의 사랑으로, 그 보배로운 피로 호소하시네.

그분의 피가 온 인류를 속량했고,

지금도 은혜의 보좌에 뿌려지고 있네.

그분은 갈보리에서 다섯 곳에 상처를 입으셨고,

그것들로부터 효과적인 기도가 쏟아져나와 나를 강력히 변호하네.

"그를 용서하소서, 오, 용서하소서."라고 외치네.

"저 속량을 받은 죄인이 죽지 않게 해주소서."라고 외치네.

성부께서 그분, 곧 기름 부음을 받은 사랑스러운 자의 기도를 들으시네.

그분은 자기 아들을 거절할 수 없으시네.

그분의 성령께서 그 피를 보시고,

나에게 내가 하나님으로부터 났노라고 말씀하시네.

나는 하나님과 화목했고, 용서의 음성을 듣네.

그분이 나를 자신의 자녀로 삼으셨으니 나는 더 이상 두렵지 않네.

이제 나는 자신 있게 가까이 다가가서

"아버지, 아빠, 아버지"라고 부르짖네.

묵상 포인트

1. 삶 속에서 여전히 하나님의 용서의 약속을 믿기가 어렵게 생각되는 일이 있다면 무엇인가?

2. 자신의 모습 그대로 두려워하지 않고 하나님 앞에 설 수 있다고 믿는가? 마음속에 그런 확신을 가득 채워달라고 하나님께 기도하라.

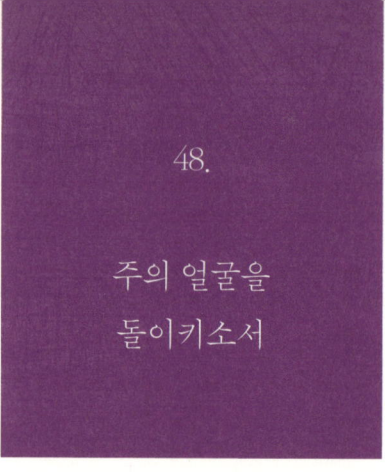

"주의 얼굴을 내 죄에서 돌이키시고"(시 51:9).

가장 기도하고 싶지 않은 말처럼 들린다. 가장 두려운 일처럼 보인다. 하나님이 "얼굴을 돌이키기를" 원하는 사람이 누가 있겠는가? 하나님이 "그 얼굴의 광채를 비추신다"는 것은 그분의 인정과 축복을 뜻한다. 그리스도께서 당하셨던 가장 혹독한 고난은 십자가의 마지막 순간에 하나님이 그분을 외면하신 것이었다. 그 끔찍한 슬픔의 순간에 그리스도께서는 "나의 하나님, 나의 하나님 어찌하여 나를 버리셨나이까"라고 부르짖으셨다(마 27:46, 막 15:34). 그러나 다윗은 겸손히 회개하는 자세로 하나님 앞에 나가 도저히 생각조차 할 수 없어 보이는 일을 했다. 그는 하나님께 얼굴을 돌이키시라고 기도했다. 다윗은 왜 하나님께 그런 기도를 드렸을까?

음욕과 간음과 살인의 죄를 지은 다윗은 자기 죄가 막중하다는 사실을 깊이 의식했다. 그가 지은 죄의 심각성은 단지 하나님이 주신 지위를 이용해 자기의 아내가 아닌 여자를 취해 쾌락의 노리개로 삼은 것이나 음모를 꾸며 밧세바의 남편 우리아를 살해한 것에 국한되지 않는다. 그 심각성은 그가 저지른 죄의 본질과 밀접한 관련이 있다.

다윗은 자신이 그런 심각한 도덕적 문제를 짊어지고 세상에 태어났다고 인정했다(시 51:5). 자신의 삶을 돌아본 그는, 자신이 한시도 죄로부터 자유로웠던 적이 없었다는 것을 알게 되었다. 특히 그는 자신의 마음을 납덩이처럼 무겁게 짓누르는 깊은 죄의식을 느끼자 자기의 죄가 하나님을 인격적으로 직접 거스르는 행위였다는 사실을 이해하기에 이르렀다. 그의 죄는 하나님의 면전에서 저지른 것이었다. 그는 하나님의 권위를 무시하고 스스로 주인이 되려고 했으며, 그분의 지혜를 무시하고 더 지혜로운 척했고, 그분의 소명을 거부하고 그분이 아닌 자기를 기쁘게 하는 일을 하기로 결정했다. 그런 극악무도한 반역 행위를 저지른 그가 어떻게 감히 거룩하신 하나님 앞에 나설 수 있었겠는가?

이 당혹스러운 기도는, 다윗이 올바른 이해에 도달했다는 것을 보여준다. 그는 죄로 인한 반역 행위가 얼마나 포괄적이고, 노골적인 성격을 띠고 있는지를 정확하게 의식했다. 그는 죄인인 자신이 거룩하신 하나님 앞에 설 수 없다는 것을 알았다. 그러나 다윗은 하나님이 얼굴을 돌이키시기를 구하는 자신의 기도가 십자가를 구하는 의미를 지녔다는 사실까지는 미처 이해하지 못했다.

하나님의 거룩하심과 우리의 죄 사이에는 무엇인가의 개입이 필요하다. 그런 일이 일어나야만 다윗과 같은 죄인들이 하나님 앞에 두려움 없이 나설 수 있다. 다윗은 구원의 이야기가 어디를 향하고 있는지를 이해할 수 없었기 때문에 단지 자기가 분명하게 이해할 수 있는 것만을 구하는 데 그쳐야 했다. 그의 기도는 "주님, 주님의 얼굴을 저의 죄에서 돌이키소서. 그렇지 않으면 저는 멸망할 수밖에 없나이다."라는 의미를 담고 있다.

다윗이 구한 것은 십자가였다. 십자가는 우리를 가려주고, 깨끗하게 해준다. 십자가는 하나님의 거룩하심이 훼손되지 않고 그분이 우리를 온전히 받아주실 수 있게 해준다. 십자가는 우리의 행위가 아닌 그리스도께서 이루신 일에 근거해 용서를 받을 수 있게 해준다. 십자가는 죄인들이 의롭다 하심을 받을 수 있게 해준다. 그리스도께서 우리를 가려주시면 하나님은 그분의 온전한 의를 보고, 그 의를 우리의 것으로 간주하신다.

그리스도의 삶과 죽음과 부활을 통해 죄인들이 하나님의 얼굴을 보는 것을 더 이상 두려워하지 않게 되었다는 것이 참으로 놀랍지 않은가? 그리스도께서는 다윗의 기도에 응답하셨다. 그리스도께서 성부께 버림을 받으셨기 때문에 우리가 두려워하지 않고 그분 앞에 설 수 있게 되었다. 우리는 하나님께 얼굴을 돌이키시라고 구할 필요가 없다. 우리는 그분 앞에서 도망쳐 숨지 않아도 된다. 예수님 덕분에 죄인들이 거룩하신 하나님 앞에 설 수 있고, 또 자기들 안에 있는 죄가 더 이상 존재하지 않을 때까지 안심하며 살아갈 수 있게 되었다.

묵상 포인트

1. 그리스도의 의가 우리의 죄를 어떻게 가려주었는지를 묵상하라.

2. 하나님이 나를 받아주신 이유가 나의 지위나 행위가 아닌 나에게 전가된 그리스도의 의 때문이라는 사실을 인정하는가?

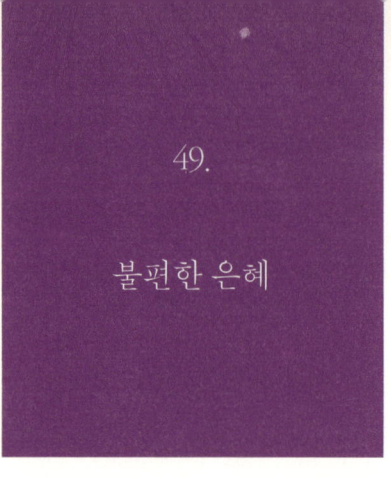

49.

불편한 은혜

"주께서 꺾으신 뼈들도 즐거워하게 하소서"(마 51:8).

솔직히 나는 어려움을 잘 참지 못한다. 나는 목표지향적인 사람이기 때문에 날마다 항상 처리해야 할 일정이 있다. 나는 내가 이루기를 원하는 일과 그것이 성공을 거두었을 때의 결과를 정확하게 알고 있다. 나는 방해나 간섭을 받기를 싫어한다. 나는 내 주위에 있는 사람들과 상황과 장소가 항상 나의 계획에 도움이 되기를 바란다. 따라서 어려움이 유익하다는 것은 나의 생각과 정면으로 배치된다. 나는 "꺾으신 뼈들"을 용납할 마음이나 시간이 전혀 없다.

나의 문제는 나의 구원자가 "뼈들"을 꺾으시는 구원자이시라는 사실에 있다. 아마도 "이봐요. 대체 무슨 말을 하는 것이요?"라고 물을지도 모르겠다.

"꺾으신 뼈들"은 구원의 고통을 뜻하는 비유적 표현이다. 자아와 죄에 중독된 우리를 구원해 자신의 형상으로 새롭게 변화시키는 하나님의 사역이 항상 편안한 과정인 것만은 아니다. 하나님은 때로 굽어진 마음을 곧게 펴기 위해 "뼈들"을 부러뜨리신다. 나로서는 죄는 고백해야 하겠지만 뼈들이 부러지는 것은 싫다.

아모스 선지자는 이런 사실을 매우 흥미롭게 묘사했다(암 4장). 하나님이 하시는 일을 왜 하고 계시는지를 설명하는 아모스 선지자의 말뜻을 옳게 이해하지 못하면 거기에 기록된 말씀이 다소 당혹스럽게 느껴질 수밖에 없다. 아모스서 4장의 본문이 "꺾으신 뼈들"이라는 표현을 어떤 식으로 설명하고 있는지 잠시 살펴보면 다음과 같다.

"내가 너희 모든 성읍에서 너희 이를 깨끗하게 하며 너희의 각 처소에서 양식이 떨어지게 하였으나"

"또 추수하기 석 달 전에 내가 너희에게 비를 멈추게 하여 어떤 성읍에는 내리고 어떤 성읍에는 내리지 않게 하였더니 땅의 한 부분은 비를 얻고 한 부분은 비를 얻지 못하여 말랐으매"

"두세 성읍 사람이 어떤 성읍으로 비틀거리며 물을 마시러 가서 만족하게 마시지 못하였으나"

"내가 곡식을 마르게 하는 재앙과 깜부기 재앙으로 너희를 쳤으며 팥중이로 너희의 많은 동산과 포도원과 무화과나무와 감람나무를 다 먹게 하였으나"

"내가 너희 중에 전염병을 보내기를 애굽에서 한 것처럼 하였으며 칼로 너희 청년들을 죽였으며 너희 말들을 노략하게 하며 너희 진영의 악취로 코를 찌르게 하였으나"

"내가 너희 중의 성을 무너뜨리기를 하나님인 내가 소돔과 고모라를 무너뜨림 같이 하였으므로 너희가 불붙는 가운데서 빼낸 나무 조각같이 되었으나"(암 4:6-11).

이번에는 "사랑의 하나님이 자기가 사랑한다고 말씀한 백성들에게 그런 일을 하신 이유가 무엇이요?"라고 물을지도 모르겠다. 이 두려운 말씀이 한 구절씩 끝날 때마다 거기에 반복해서 언급된 표현 안에 이 질문에 대한 대답이 있다.

"너희가 내게로 돌아오지 아니하였느니라"라는 표현에 주목하라. 분노에 찬 보복처럼 보이는 행위들이 사실은 구원을 위한 사랑의 행위였다. 하나님은 그런 행위를 통해 자신의 언약적 약속을 이룸으로써 자기 백성의 가장 큰 필요를 채워주신다. 그들이 가장 필요로 하는 것이 무엇인가? 그 대답은 성경 전체에 걸쳐 단순하고도 분명하게 언급되어 있다. 즉 그들에게는 다른 무엇보다도 하나님이 필요했다.

그러나 정확히 여기에서 문제가 발생한다. 우리의 가장 큰 필요가 하나님과 삶을 변화시키는 관계를 맺는 것이지만, 죄인인 우리의 마음은 그릇된 길로 나아가려는 성향이 있다. 우리는 하나님을 쉽게 잊고, 피조물로 그분을 대체하기를 좋아한다. 우리는 하나님이 우리가 하는 모든 것의 중심이시라는 사실을 망각하고, 우리 자신을 우주의 중심에 올려놓는다. 우리는 우리의 마음이 하나님을 위해 창조되었다는 사실과 우리가 바라는 깊은 행복감이 오직 그분 안에서만 발견될 수 있다는 사실을 쉽게 간과하고, 강력한 중독성을 지닌 죄의 위험을 의식하지 못한 채 망설임 없이 하나님이 정하신 한계를 넘어선다. 따라서 하나님은 우리의 뼈들을 꺾어 구원적 사랑을 나타내신다. 그분은 시련, 결핍, 고난, 슬픔, 손실, 고통 등을 통해 우리에게 가장 필요한 한 가지(곧 하나님 자신)를 추구하도록 이끄신다.

이제는 "불편한 은혜"의 신학으로 다른 사람들을 포용하고, 가르치고, 격려해야 할 때가 되었다. 죄가 여전히 우리 안에 거하면서 하나님을 쉽게 잊고 그릇된 길로 나아가도록 유도하는 한, 하나님의 은혜는 불편한 형태로 우리에게 주어질 것이다. 실제로는 하나님의 은혜가 주어지고 있는데, 삶의 어디에서 그것을 발견할 수 있는지 도통 알기 어려운 순간도 있을 수 있다. 그러나 구원과 해방의 은혜만이 은혜인 것은 아니다. 구원과 관계와 정화의 은혜가 얼마든지 불편한 형태로 주어질 수 있다.

따라서 우리가 하나님의 자녀라면 비록 심한 정신적 압박감을 느끼더라도 하나님의 선하심을 의심하지 않도록 주의해야 한다. 시련이 하나님의 불충실함과 무관심을 보여주는 증거라는 생각을 중단해야 한다. 우리가 하나님의 자녀이고, 우리 안에서 죄와의 싸움이 전개되고 있다는 것을 인정한다면, 시련은 오히려 하나님의 구원적 사랑을 나타내는 확실한 증거가 아닐 수 없다. 하나님은 우리에게서 은혜를 거두지 않으신다. 우리는 단지 불편한 은혜, 곧 우리의 마음을 진실하게 만들기 위해서라면 뼈들을 꺾는 것조차 서슴지 않는 은혜를 경험하고 있을 뿐이다.

이 은혜는 포기를 모른다. 이 은혜는 등을 돌리지 않는다. 이 은혜는 현재의 상태를 그대로 놔두지 않는다. 이 은혜는 타협적이거나 냉소적이지 않다. 하나님은 우리를 잠시도 잊지 않으신다. 그분은 진정한 사랑으로 우리를 사랑하며 참된 은혜를 베푸신다. 그분은 그릇된 길로 나아가려는 우리의 성향이 완전히 사라질 때까지 그렇게 하신다. 그것이 진정한 사랑이다.

묵상 포인트

1. 하나님이 자기와 좀 더 열정적인 관계를 맺게 하기 위해 지금 나의 삶 속에서 어떤 일을 하고 계시는가?

2. 하나님이 원하지 않으시는 현재의 상태를 고집하고 있지는 않은가?

50.

기꺼이 원하고 바랍니다

"자원하는 심령을 주사 나를 붙드소서"(시 51:12).

주님,
저는 기꺼이 원하고, 바란다고
솔직하게 말할 수 있을 것 같습니다.
주님이 저의 죄를 보시는 것처럼 저도 그렇게 보기를
기꺼이 원하고 바랍니다.
저 자신이 저의 가장 큰 문제라는 사실을 받아들이기를

기꺼이 원하고, 바랍니다.

그릇된 것으로부터 도망치기를

기꺼이 원하고 바랍니다.

저의 마음이 깨끗하게 되기를

기꺼이 원하고 바랍니다.

주님이 보시는 것을 사실로 인정하기를

기꺼이 원하고 바랍니다.

주님의 긍휼 안에서 편안히 거하기를

기꺼이 원하고 바랍니다.

주님의 변하지 않는 사랑 안에 숨기를

기꺼이 원하고 바랍니다.

주님을 통해 깨끗하게 씻김 받기를

기꺼이 원하고 바랍니다.

제가 주님을 거역했다는 것을 인정하기를

기꺼이 원하고 바랍니다.

주님이 옳고, 의로우시다는 것을 증명할 수 있기를

기꺼이 원하고 바랍니다.

저의 문제가 태어날 때부터 존재했다고 고백하기를

기꺼이 원하고 바랍니다.

저의 내면을 살펴보기를

기꺼이 원하고 바랍니다.

눈보다 더 희어지기를

기꺼이 원하고 바랍니다.

기쁨과 즐거움의 소리를 듣기를

기꺼이 원하고 바랍니다.

슬픔이 기쁨으로 변하기를

기꺼이 원하고 바랍니다.

견고한 마음을 갖기를

기꺼이 원하고 바랍니다.

주님의 은혜를 또다시 찬양할 수 있기를

기꺼이 원하고 바랍니다.

다른 사람들에게 주님의 길을 가르치기를

기꺼이 원하고 바랍니다.

그들이 주님께로 다시 돌이키는 것을 돕기를

기꺼이 원하고 바랍니다.

주님이 저로부터 저를 구원하시기를

기꺼이 원하고 바랍니다.

주님의 의의 노래를 부를 수 있기를

기꺼이 원하고 바랍니다.

주님을 소리 높여 찬양하기를

기꺼이 원하고 바라나이다.

상한 심령을 제물로 바칠 수 있기를

기꺼이 원하고 바라나이다.

주님의 백성이 형통하는 것을 보기를

기꺼이 원하고 바라나이다.

주님이 주님께 합당한 예배를 받으시기를

기꺼이 원하고 바라나이다.

그러나 저는 또한

주님의 사랑이 저를 보호해 주기를

기꺼이 원하고 바랍니다.

주님의 은혜가 저를 붙들어주기를

기꺼이 원하고 바랍니다.

주님의 은혜 안에 숨을 수 있기를

기꺼이 원하고 바랍니다.

주님의 권능이 저를 보호해 주기를

기꺼이 원하고 바랍니다.

왜냐하면

제가 항상 기꺼이 원하고 바라지는 않을 것이라는 사실을

알기 때문입니다.

묵상 포인트

1. 지난 6주 동안 살아온 일을 비디오로 찍어 사람들에게 보여준다면 그들이 "당신은 하나님이 당신 안에서, 당신과 함께, 당신을 통해 약속하신 일을 이루시기를 기꺼이 원하고 바라며 살아왔군요."라고 말해줄 것 같은가?

2. 하나님의 부르심에 선뜻 응하지 않고, 그분의 뜻을 따르기를 기꺼이 원하지 않은 일이 있다면 무엇인지 구체적으로 생각해 보라.

51.
죄의 어리석음

"내게 지혜를 은밀히 가르치시리이다"(시 51:6).

지식은 많지만 지혜는 드물다. 왜 그럴까? 그 이유는 지혜가 죄에 의해 가장 먼저 희생된 것 가운데 하나이기 때문이다. 죄는 우리 모두를 어리석은 자로 만들었다. 죄의 어리석음을 보여주는 경험적 증거가 성경 곳곳에 나타난다. 다윗과 밧세바의 비극적인 이야기에서도 어리석음의 확실한 증거가 선명하게 드러나 있다. 이것이 다윗이 "보소서 주께서는 중심이 진실함을 원하시오니 내게 지혜를 은밀히 가르치시리이다"라고 말했던 이유다.

다윗의 죄를 다룬 이야기를 읽어보면, "도대체 그는 무슨 생각이었을까? 정말로 그런 죄를 짓고서도 안전할 것이라고 믿었을까? 자기가 누구인지를 완전히 잊어버린 것일까? 하나님이 가만히 두 손을 놓고 그런 일을 그냥 지나치게 놔두실 것이라고 생각했던 것일까?"라는 의문이 들지 않을 수 없다. 그러나 어리석음이 극에 달한 경우는 비단 다윗만이 아니었다. 우리 각자의 삶 속에서도 매일 그런 어리석음의 증거가 똑같이 나타난다. 죄의 어리석음이 여전히 우리의 삶을 거듭해서 훼방하고, 오염시키고 있다. 사람들은 우리에 대해서도 "도대체 그는 무슨 생각이었을까? 도대체 그녀는 무슨 생각이었을까?"라고 말한다.

그렇다면 어리석음은 무엇을 의미할까? 그것의 가장 중요한 네 가지 측면을 잠시 살펴보면 다음과 같다.

1) 자기중심

우리는 우리 자신보다 더 큰 존재를 위해 창조되었다. 구체적으로 말해 우리는 하나님과 함께, 그분을 위해, 그분을 통해 살도록 창조되었다. 하나님은 우리가 하는 모든 것의 동기이자 희망이시다. 우리가 추구해야 할 것은 그분의 기쁨과 영예와 뜻이다. 그러나 죄의 어리석음은 우리의 삶을 우리가 원하는 크기와 형태로 축소한다. 우리의 삶은 자기만족과 자기충족을 넘어서는 것을 추구하지 않는다. 너무 단정적인 말처럼 들리는가? 그렇다면 "왜 나는 항상 다른 사람들을 인내 있게 대하지 못하지? 왜 나는 항상 해서는 안 될 말을 하지? 왜 나는 나의 상황에 실망을 느끼는 거지? 왜 나는 쉽게 분노하거나 자기 연민에 빠지는 거지?"라는 물음들을 생각해 보라. 그 이유는 우리가 우리 자신의 길을 원하기 때문이다. 이런 이유로, 우리는 어떤 상황이나 사람들이 우리의 길을 방해하는 것처럼 보일 때 즉시 화를 내거나 쉽게 실망한다. 우리의 문제는 단지 이 타락한 세상에서 마주치는 인생의 시련에만 있지 않다. 사실 그런 상황에 어리석게 대처함으로써 스스로 어려움을 자초할 때가 많다.

2) 자기기만

우리는 하나님이 나쁘다고 말씀하신 것을 좋게 생각하며 즐거워하는 데 매우 능숙하다. 우리는 우리의 행위를 적당히 합리화시켜 잘못된 것을 잘못되게 보이지 않게 하는 능력이 탁월하다. 예를 들면 우리는 마구 화를 내고서도 화를 낸 것이 아니라 하나님의 선지자처럼 말했다고 생각하거나 여성을 유심히 쳐다보고서도 음욕을 느낀 것이 아니라 단지 아름다움을 감상했을 뿐이라고 생각하거나 권력을 탐했으면서도 단지 하나님이 주신 리더십의 은사를 발휘한 것뿐이라고 생각한다. 어리석음은 큰 위험을 초래할 수 있다. 어리석음은 그릇된 것을 보고 옳다고 말한다. 다윗이 자기 자신을 정확하게 보고, 자신이 지은 죄의 실상을 옳게 파악했더라면 그 길을 계속 고집하지 않았을 것이다.

3) 자기충족

우리는 우리 자신이 실제보다 더 독립적인 존재인 양 생각하는 경향이 있다. 우리는 독립적이거나 자율적이거나 자기충족적인 존재로 창조되지 않았다. 우리는 겸손히 하나님을 예배하고, 의존하며, 사랑과 겸손으로 서로를 의지하며 살도록 창조되었다. 우리의 삶은 공동체적인 협력 관계를 추구하도록 설계되었다. 그러나 우리는 죄의 어리석음에 이끌린 탓에 우리에게 필요한 모든 것이 우리 자신 안에 있다고 생각하며 살아간다.

그런 이유로 우리는 피상적인 관계에 만족하며, 주위 사람들이 약점이나 잘못을 지적하면 우리 자신을 변호하려고 애쓴다. 우리는 하나님이 우리에게 허락하신 수단들을 이용하기보다 우리의 갈등을 내면 깊숙이 감추기를 좋아한다. 뱀은 에덴동산에서 아담과 하와에게 그들이 하나님처럼 독립적이고, 자기충족적인 존재가 될 수 있다고 거짓말했다. 우리는 여전히 그런 거짓말을 믿기를 좋아한다.

4) 자기의

왜 우리는 은혜를 더 많이 찬양하지 않는 것일까? 왜 우리는 하나님의 자녀인 우리에게 주어진 놀라운 선물들을 좀 더 경이롭게 여기지 않는 것일까? 왜 우리는 우리의 필요를 깊이 절감하고, 그 모든 필요가 하나님의 은혜로 충족된 것에 감사하며 살지 않는 것일까? 그 대답은 분명하다. 은혜에 마땅히 감사해야 하는데도 그렇게 하지 않는 이유는 우리 자신을 실제보다 더 의롭게 생각하기 때문이다. 죄인들은 은혜에 호소해야 하고, 긍휼에 희망을 두어야 한다. 우리의 공로로 하나님의 인정을 받을 수 없다는 것을 알면 그저 엎드려 기도하지 않을 수 없다. 그러나 죄의 어리석음은 우리의 눈에 우리 자신이 의롭게 보이게 만든다. 우리는 자신의 이야기를 할 때 우리 자신을 실제보다 더 위대한 영웅이요 더 지혜로운 현인으로 부풀리기를 좋아한다. 우리는 지난 과거를 돌아보며 자신이 선택한 것들을 실제보다 더 낫게 평가하는 경향이 있다. 하나님 앞에 나가는 것을 가로막는 것이 나의 죄가 아닌 나의 의일 때가 많다. 안타깝게도 우리가 하나님께 나가지 못하는 이유는 오직 그분 안에서만 발견될 수 있는 은혜가 필요하다고 생각하지 않기 때문이다. 우리가 구원의 은혜를 구하지 않는 이유는 우리 자신을 스스로 옳게 보기 때문이다.

  죄는 우리 모두를 어리석은 자로 만든다. 그러나 다행히도 이야기는 거기에서 끝나지 않는다. 놀라운 은혜의 하나님이 선하고, 참되고, 신뢰할 수 있고, 옳고, 지혜로운 모든 것의 궁극적인 원천이시다. 교육이나 경험으로는 우리의 어리석음을 탈피할 수 없다. 연구와 분석으로는 지혜를 얻을 수 없다. 지혜는 오직 지혜이신 하나님과의 관계를 통해서만 얻을 수 있다. 성경은 지혜가 책이나 체계나 명령이나 원리가 아니라고 가르친다. 지혜는 인격체다. 그 이름은 예수 그리스도이다. 주님이 은혜로 우리를 받아주시면 우리는 지혜 자체와 인격적인 관계를 맺게 된다. 죄의 어리석음에 속박된 우리를 자유롭게 하는 평생의 과정이 지혜이신 주님을 통해 시작된다. 우리는 어제보다 오늘 좀 더 자유로워질 테지만 아직은 온전히 자유롭지는 못하다. 그러나 언젠가는 우리의 모든 생각과 욕망과 선택과 행위와 말이 온전히 지혜롭게 될 날이 올 것이다. 지혜이신 주님 때문에 그 날이 차츰 가까이 다가오고 있다.

회개하는 사람(다윗)이 지혜의 필요성을 절감하는 것은 지극히 당연하다. 우리는 우리 자신을 지혜롭게 여기지만 우리를 어리석게 만드는 죄는 어리석은 일을 하도록 부추긴다. 이것이 정보나 교육이나 경험 이상의 것이 필요한 이유다. 우리에게는 그리스도 안에서 발견할 수 있는 것, 곧 은혜가 필요하다. 지혜는 은혜의 산물이다. 그 외에 다른 곳에서는 지혜를 발견할 수 없다.

묵상 포인트

1. 네 종류의 어리석음이 삶의 어떤 부분에서 여전히 나타나고 있는가?

2. 우리는 여전히 어리석지만 지혜이신 주님과 인격적인 관계를 맺은 덕분에 항상 희망을 가질 수 있다는 것을 생각하며 감사하라.

52.

구원을 찬양하라

"주여 내 입술을 열어 주소서
내 입이 주를 찬송하여 전파하리이다"(시 51:15).

우리는 세상에서 가장 크게 찬양하는 사람들이 되어야 한다. 우리가 하는 모든 일의 배후에는 항상 깊고, 지속적인 기쁨이 있어야 한다. 우리는 그리스도 안에서 우리에게 주어진 것과 우리가 얻은 새로운 신분을 기억하며 늘 특권 의식을 지니고 살아가야 한다. 우리는 영원히 구원을 노래해야 한다. 그러나 영원한 찬양을 위한 연습을 지금부터 시작하지 않는다면 그것은 큰 잘못일 것이다.

구원의 찬양이 우리의 생각 속에 늘 맴돌고, 우리의 가슴을 가득 채우고, 우리의 입에서 항상 흘러나와야 한다. 우리는 구원받았다! 우리는 온 인류 가운데서 선택되어 예수님의 희생을 통해 죄 사함을 받고, 하나님의 가족으로 입양되었다. 지금 성령께서 우리 안에 거하시고, 하나님이 죄로부터 우리를 구원할 뿐 아니라 죄에 맞설 힘을 허락하신다. 성경의 이야기가 전하는 위대한 진리들을 마음껏 접할 수 있게 되었을 뿐 아니라 그리스도의 몸에 속해 서로 교제하며 사역하는 일이 우리의 일상적인 경험이 되었고, 그리스도의 임재 안에서 죄와 투쟁으로부터 온전히 자유롭게 될 미래가 보장되었다. 우리는 구원받았다! 구원의 범위와 넓이는 우리의 상상을 초월한다. 우리의 마음으로는 다 감당하기가 참으로 버겁다. 반역을 저질렀는데도 사랑을 입었다. 아무런 자격이 없는데도 우리 힘으로는 아무리 노력해도 얻을 수 없는 하나님의 인정을 받게 되었다.

다른 피조물과는 달리 인간은 무엇을 기념하고, 축하하는 능력이 탁월하다.

지난밤 8층에 있는 창문을 통해 "필라델피아 예술박물관" 너머에서 펼쳐진 독립기념일 불꽃놀이를 지켜보았다. 그것은 필라델피아에서 "웰컴 아메리카!"라고 일컫는 2주 동안의 기념 축제를 마무리하기에 매우 적합한 행사였다. 그렇다. 진정으로 환영하자. 우리가 지금 누리는 자유가 어떻게 시작되었는지를 기억하자. 애국자들이 이 자유를 지키기 위해 자신의 마음과 생각과 삶을 온통 바친 것을 기억하자. 자유가 만들어낸 거리를 걸어보고, 건물들 안에 들어가 보자. 우리의 일상생활을 형성하고 있는 자유를 생각하고, 기억하고, 의식하는 사람들과 함께 축하하자. 국가적인 자유도 생일이나 추수절이나 성공적인 은퇴식처럼 축하할 가치가 있다. 그러나 이 모든 일이 아무리 축하하기에 적절하다고 해도 모든 신자가 날마다 생각해야 할 구원의 현실이 지니는 의미와 장엄함에 비하면 그야말로 아무것도 아니다.

찬송가 작가들은 인간의 언어를 자유자재로 구사해 찬양의 노래를 작시했다. 이 오래된 복음 찬송가를 들어보라.

구원받아 그것을 선포하니 얼마나 좋은지!
어린 양의 피로 구원받았네
그분의 무한한 긍휼로 구원받았네
나는 영원히 그분의 자녀일세

구원받았네, 구원받았네
어린 양의 피로 구원받았네
구원받았네, 구원받았네
나는 영원히 그분의 자녀일세

구원받아 예수님 안에서 너무나 행복하네
어떤 말로도 나의 큰 기쁨을 표현할 수 없네

나와 함께 있는 주님의 임재의 빛이

사라지지 않고 계속 머물 것이네

나의 복되신 구원자를 생각하네

그분을 온종일 생각하네

침묵할 수 없어서 노래하네

그분의 사랑이 내 찬양의 주제라네

나를 위한 저 너머의 밝게 빛나는 집에서

면류관이 기다리고 있다는 것을 아네

머지않아 온전하게 된 영들과 함께

주님과 본향에 영원히 살리라[1]

또한 아래의 찬송가는 그리스도인이라면 누구나 익숙한 찬송가다.

만 입이 내게 있으면 그 입 다 가지고

내 구주 주신 은총을 늘 찬송하겠네

내 은혜로신 하나님 날 도와주시고

---

1) Fanny Crosby, "Redemmed, How I Love to Proclaim It!"

그 크신 영광 널리 펴 다 알게 하소서

내 주의 귀한 이름이 날 위로하시고
이 귀에 음악 같으니 참 희락되도다

내 죄의 권세 깨뜨려 그 결박 푸시고
이 추한 맘을 피로써 곧 정케 하셨네[2]

이번에는 요즘의 찬송가를 한 번 들어보자.

오, 가장 어두운 날의
여명이 밝아왔네
그리스도께서 죄인들에게 재판을 받고
갈보리로 향하시네
찢기고, 얻어맞은 뒤
나무 십자가게 못 박히셨네.

이것이 십자가의 능력일세
그리스도께서 우리를 위해 죄인이 되셨네

---

2) Charles Wesley, "O For a Thousand Tongues to Sing."

죄책을 짊어지고, 진노를 당하셨네

우리는 십자가에서 죄 사함을 받았네

오, 죄의 무서운 중압감에

고통스럽게 일그러진 주님의 얼굴을 보네

모든 그릇된 생각

모든 악한 행위가

가시면류관이 되어 피로 얼룩진 주님의 이마 위에 얹혔네

이제 새벽은 지나고,

창조주가 고개를 떨구시는 순간

땅 밑이 흔들거리고,

휘장이 둘로 갈라지고,

죽은 자들이 살아났네.

"다 이루었다"라는 승리의 외침이 울려 퍼졌네

오, 상처 안에 쓰인

내 이름을 보네.

주님의 고난을 통해 나는 자유를 얻었네

사망이 죽어 없어지고,

주님의 희생적인 사랑을 통해 이루어진

생명이 나의 것이 되었네.

이것이 십자가의 능력일세
하나님의 아들이 우리를 위해 죽으셨네
진정 놀라운 사랑이요, 참으로 큰 희생일세.
우리는 십자가에서 죄 사함을 받았네[3]

오늘 무엇을 축하하겠는가? 그동안 열심히 일한 대가로 봉급이 인상된 것을 축하하겠는가? 2년 동안 꿈꿔왔던 자동차를 산 것이나 지역 스포츠팀이 우승한 것을 축하하겠는가? 기념일이나 생일, 아이가 처음 걸음마를 뗀 것, 출근할 때 교통이 막히지 않은 것, 샌드위치가 이전보다 나아진 것을 축하하겠는가? 절대로 살 수 없을 것이라고 생각했던 신발을 산 것이나 새 휴대전화를 산 것을 축하하겠는가? 인간이라면 누구나 무엇인가를 축하하려는 성향을 지녔다. 문제는 "인간이 경험할 수 있는 것 가운데 가장 놀랍고, 가장 장엄하고, 가장 경이로운 것, 곧 구원을 얼마나 자주 축하하고, 찬양하는가?"라는 것이다.

우리는 구원받았다! 우리는 구원받았다! 우리는 구원받았다! 이제 모두 나가서 찬양하자.

---

[3] Keith Getty and Stuart Townend, "Oh to See the Dawn"(Thank You Music, 2005).

묵상 포인트

1. 위의 찬송가들을 천천히 음미하며 읽어라.

2. 오늘, 이번 주, 이번 달, 이번 해에 무엇을 축하했는지 생각해 보라. 축하와 찬양의 중심에 누가 있는가?